D0399771

LOS INVENTORES

LOS INVENTORES

CUATRO ADOLESCENTES INMIGRANTES,
UN ROBOT Y LA BATALLA POR
EL SUEÑO AMERICANO

JOSHUA DAVIS

Traducción por Enrique Mercado

FARRAR, STRAUS AND GIROUX

NEW YORK

Farrar, Straus and Giroux
18 West 18th Street, New York 10011

Printed in the United States of America
Originally published in English in 2014 by Farrar, Straus and Giroux as *Spare Parts*
Spanish translation originally published in 2015 by Editorial Océano, Mexico
Spanish translation published in the United States by Farrar, Straus and Giroux
First Farrar, Straus and Giroux edition, 2015

The Library of Congress has cataloged the English edition as follows:
Davis, Joshua, 1974–
Spare parts : four undocumented teenagers, one ugly robot, and the battle for the American dream / Joshua Davis. — First edition.
pages cm
ISBN 978-0-374-18337-0 (hardcover) — ISBN 978-0-374-53498-1 (pbk.) — ISBN 978-0-374-71265-5 (ebook)
1. Robotics—Competitions—United States. 2. Remote submersibles—Competitions—United States. 3. Mexican American boys—Education—United States. 4. Mexican Americans—Economic conditions. 5. Phoenix (Ariz.)—Social life and customs. I. Title.

TJ211.26 .D38 2014
629.8'9207973—dc23

2014018569

Spanish paperback ISBN: 978-0-374-28450-3

www.fsgbooks.com • www.fsgoriginals.com
www.twitter.com/fsgbooks • www.facebook.com/fsgbooks

1 3 5 7 9 10 8 6 4 2

Para Allan Cameron, Fredi Lajvardi
y los maestros de Estados Unidos,
todos ellos en el frente mismo
del sueño americano

Ésta es una misión de exploración. Explorar significa descubrir lo nuevo, y lo inesperado. Esta competencia ampliará su imaginación y habilidades técnicas. Entren al evento con el espíritu de los hombres y mujeres exploradores que se han lanzado a lo desconocido.

—ESPECIFICACIONES DE DISEÑO Y PRODUCCIÓN
DE LA 2004 MARINE ADVANCED TECHNOLOGY
EDUCATION ROV COMPETITION

Índice

Nota del autor, 13

Introducción, 15

Uno, 21
Dos, 93
Tres, 155
Cuatro, 181

Agradecimientos, 217

Nota del autor

El primero de noviembre de 2004, recibí un e-mail de Marcos Garcíaacosta, gerente de cuenta de Intel en Chandler, Arizona. Me dio la impresión de que era correo basura, sólo spam. La nota llevaba por título "Equipo de robótica", y enlistaba la dirección de una preparatoria en Phoenix, algunos números telefónicos y un número de fax. Apretujadas y apenas perceptibles, por ahí aparecían las palabras "Boletín de prensa".

"Pensé que podrían interesarle este [*sic*] chicos que hacen robots, compiten y ganan", escribía Garcíaacosta.

Me quedé atónito.

Mi dedo se movió hacia el botón de borrar, pero vacilé. El mensaje describía los extraordinarios logros de un pequeño equipo de robótica de un vecindario pobre de West Phoenix. Garcíaacosta explicaba que ese equipo no había competido nunca antes —aquél fue su primer año—, pese a lo cual alcanzó un éxito arrollador.

Mi primera reacción fue de duda. Si esos muchachos eran tan excepcionales, ¿por qué no había oído hablar de ellos? Aquella nota parecía ser otro sobrevalorado boletín de prensa. Como columnista de mucho tiempo de *Wired*, todos los días recibo comunicados que quitan el aliento. Pregonan avances asombrosos y ferias comerciales que cambiarán la vida. Suelo oprimir rápidamente la tecla de borrado.

Pero en ese boletín había algo raro. El formato era un lío, y había errores gramaticales. Además, ¿por qué lo había enviado un gerente de cuenta de Intel y no un publicista? No estaba cien por ciento seguro de querer borrarlo, así que lo dejé ahí y continué con mis actividades.

Durante el mes siguiente, cada vez que recibía un boletín estándar bien formateado me acordaba de aquella nota inusual. Por fin, cuatro semanas después acepté que no dejaba de pensar en ella, la saqué, llamé a la escuela y pedí hablar con el maestro a cargo del equipo de robótica. Terminé en el teléfono con un hombre llamado Fredi Lajvardi.

Podía oír voces de muchachos al fondo y el golpeteo de música electrónica de algún tipo. Fredi me explicó que sus alumnos estaban haciendo un nuevo robot, y que le entusiasmaba poder hablar de ellos. En el verano, un canal local de televisión pasó al aire un segmento sobre el éxito de la escuela, pero, al parecer, nadie puso atención. Yo era el primer periodista de un medio nacional en llamar.

–Cuando hay una pelea o algo así, la prensa está sobre nosotros —dijo—. Pero si hacemos algo bueno, nadie nos toma en cuenta.

Me contó que, en ocasión del más reciente altercado en la escuela, sus alumnos condujeron un pequeño robot hecho en casa hasta el equipo de noticias que llegó a cubrir el caso. Al no encontrar respuesta, le dieron vueltas alrededor de la cámara. Esto provocó algunas preguntas, pero, en gran medida, los periodistas los ignoraron. Estaban ahí para hablar de rufianes, no de robots.

Eso me intrigó.

–A ver, explíqueme: ¿cómo es que sus alumnos terminaron en una competencia de robótica submarina?

Fredi rio entre dientes.

–Es escéptico al respecto, ¿verdad? Así ocurrió con los jueces.

Introducción

Tom Swean notó el nerviosismo de los cuatro chicos parados al frente del salón. A sus espaldas se erguía un pizarrón verde, y un enjambre de pupitres ocupaba el espacio entre ellos y los tres jueces. De cincuenta y ocho años de edad, Swean era el hosco director del programa Ocean Engineering and Marine Systems de la Marina de Estados Unidos, en cuya Oficina de Investigación Naval desarrollaba costosos robots submarinos autónomos para las fuerzas de operaciones especiales (SEAL). No estaba acostumbrado a tratar a jóvenes mexicoestadunidenses con cadenas de oro, anillos de diamantes falsos y bigote disparejo.

–¿Cómo harían funcionar el telémetro láser? —gruñó Swean.

Era el 25 de junio de 2004 —un brumoso día de verano en la University of California, campus Santa Bárbara—, y aunque el lugar estaba casi vacío, debido a las vacaciones, el South Hall estaba a reventar. Aquélla era la tercera edición de la competencia Marine Advanced Technology Education Remotely Operated Vehicle (ROV), acto anual auspiciado por la NASA y la Marina establecido para alentar e identificar a los jóvenes estadunidenses con más talento para la ingeniería. Había equipos de todo el país, entre ellos uno del Massachusetts Institute of Technology (MIT), patrocinado por ExxonMobil, entonces la compañía privada más grande del mundo. Estos muchachos latinos procedían de la Carl Hayden Community High School, en West Phoenix.

—Usamos un láser de helio-neón —respondió rápidamente Cristian Arcega, empujado por la adrenalina.

Cristian era un as de la ciencia, flacucho y de 1.60 de estatura, uno de los pocos nerds de Carl Hayden, donde poco más de setenta y un por ciento de los alumnos recibían almuerzo gratis, o subsidiado, por encontrarse por debajo de la línea de pobreza. Cristian vivía en un cajón de triplay de 2.5 por 2.5 metros adosado a un tráiler en un parque de casas rodantes.

—Tomamos la lectura con una cámara CCD y la ajustamos manualmente treinta por ciento, para tomar en cuenta el índice de refracción —siguió explicando a los jueces.

Swean alzó una ceja canosa y tupida.

Sentada a su lado, Lisa Spence, directora del Neutral Bouyancy Laboratory de la NASA, estaba a cargo de la réplica de una estación espacial en un tanque de 23.5 millones de litros en el Johnson Space Center de Houston, Texas. Con diecisiete años en esa organización, había trabajado con algunos de los ROV submarinos (vehículos operados a control remoto) más avanzados del mundo. Antes de iniciarse en la NASA, en los años setenta, estudió ingeniería química en la Arizona State University, de manera que conocía el área de Phoenix donde vivían estos jóvenes.

No fue una asociación positiva. Spence recordaba West Phoenix como un lugar por el que preferiría no volver a pasar nunca. Era una zona pobre, y las mejores escuelas estaban en otro lado. Por tanto, le sorprendió encontrarse con un equipo de robótica submarina salido de esa área.

—No hay mar en Phoenix —señaló diplomáticamente.

—No, señora —dijo Lorenzo Santillan—. Pero tenemos albercas.

Spence no pudo menos que sonreír. Muchos equipos habían llegado al concurso con máquinas submarinas extraordinarias, hechas de metal torneado, y algunos tenían un presupuesto de más de diez mil dólares. Estos muchachos se presentaban con un robot de plástico, pintado de colores chillantes y parcialmente armado con materiales de desecho. Llamaron Stinky a su creación, porque apestaba cuando la pegaron. Era la primera vez que participaban en una competencia de robótica submarina de cualquier tipo, pese a lo cual entraron a la división más alta, un campo lleno de equipos universitarios veteranos. Para algunos, su presencia ahí parecía un error.

Pero Lorenzo estaba obviamente orgulloso de su artefacto. Para él, era un gran logro. Tenía quince años y el cabello largo, que le llegaba hasta los hombros. Los chicos de su vecindario se referían a él como *Mexican mullet*, por llevar el cabello corto por delante y largo por detrás. Había sido miembro de la pandilla WBP antes de sumarse al equipo de robótica, y trató de caminar con la arrogancia del tipo duro. En realidad, trataba desesperadamente de construirse una vida fuera del turbulento mundo en el que había crecido.

Swean continuó con una pregunta sobre la interferencia de señal, y Lorenzo se volvió hacia Oscar Vazquez, líder *de facto* del equipo. Oscar tenía diecisiete años y lucía el corte a rape de un soldado de las tropas de asalto. Durante cuatro años se distinguió en el Junior Reserve Officer Training Corps (Cuerpo de instrucción de suboficiales de reserva) de Carl Hayden, del que llegó a ser oficial ejecutivo —segundo al mando. El año anterior, esa unidad lo había designado Oficial del Año, su honor más alto. Él soñaba con ser soldado y parecía tener un futuro brillante en la milicia.

Pero resultó que el ejército no lo quiso. Llevaba seis años viviendo en Phoenix y se concebía como estadunidense, a pesar de haber nacido en México; sus padres lo introdujeron en Arizona cuando tenía doce años. Pero por más lagartijas que hiciera, o por más rápido que corriera, Oscar no podía dejar atrás el hecho de ser un fugitivo; vivía ilegalmente en el país y tenía prohibido alistarse. En su último año de preparatoria se dio cuenta de eso, y se puso a buscar otro campo en el cual sobresalir.

—Hicimos una prueba con quince metros de cable, señor, y encontramos muy bajos niveles de interferencia —contestó Oscar a Swean—, así que decidimos extender nuestra sonda a treinta y tres metros.

—Pareces sentirte muy a gusto con el sistema métrico —observó Swean.

—Crecí en México, señor —dijo Oscar.

Swean asintió con la cabeza. No le importaba de dónde fueran esos chicos, siempre y cuando fueran inteligentes. Miró su rudimentario rotafolios.

—¿Por qué no trajeron una presentación en PowerPoint?

—PowerPoint es una distracción —respondió Cristian—. La gente lo usa cuando no sabe qué decir.

—¿Y usted sí sabe?

—Sí, señor.

Spence no ignoraba que, en ocasiones, los equipos tenían un Einstein Jr., un integrante que sabía todas las respuestas. Cristian llenaba evidentemente los requisitos, aunque Lorenzo y Oscar también hablaron con agudeza acerca de los componentes mecánicos y electrónicos de su robot. Éste debía ser un esfuerzo de equipo, así que los jueces tomaban en cuenta si todos los integrantes podían contestar preguntas. Su robot debía cumplir con éxito una compleja serie de tareas submarinas, pero casi la mitad de los puntos del concurso se basaría en esta evaluación técnica. Spence miró a Luis Aranda, un gigantón de 1.80 de estatura y 115 kilos de peso, parecido a Chief, el personaje de *One Flew Over the Cuckoo's Nest*. Luis no había dicho nada aún.

—Emplearon PWM —dijo Spence, dirigiéndose intencionalmente a él—. ¿Podrían describir eso?

Oscar, Cristian y Lorenzo voltearon a ver a Luis. Durante toda la prepa, el chico trabajó de noche como cocinero de platillos sencillos en una cafetería, y era común que en el día pareciera medio adormilado. Lo reclutaron debido, en parte, a que necesitaban alguien fuerte que pudiera meter y sacar el robot de la alberca. Era raro que Luis hablara de cualquier cosa, así que resultaba difícil saber qué pensaba. Cristian quiso responder por él, pero se contuvo.

—PWM significa *pulse-width modulation* —contestó Luis, sin inmutarse por la atención que se le prestaba—. Es una técnica para controlar circuitos analógicos con salida digital.

Cristian no lo podía creer: la respuesta fue correcta. Le dieron ganas de ir a abrazar al grandote.

Spence asintió con la cabeza. Jamás imaginó que una preparatoria del deprimido West Phoenix fuera capaz de producir un grupo tan resuelto de robotistas submarinos. Como empleada de la NASA, acostumbraba trabajar con ingenieros que se ajustaban a una especie de estándar de la industria: blancos, bien preparados y de forma de vestir conservadora. Esos cuatro adolescentes frente a ella probaban que el futuro podía ser diferente.

Uno

Lorenzo Santillan siempre fue diferente. Tal vez era su cabeza. Tenía unos cuantos meses de nacido cuando se le cayó a su madre en una banqueta, en Zitácuaro, ciudad de unos cien mil habitantes en el estado de Michoacán, México. Aunque para entonces él ya tenía una peculiaridad —cabeza en forma de pera—, desarrolló un bulto en la frente. Preocupada, Laura Alicia Santillan decidió que su hijo necesitaba una mejor atención médica que la que estaba recibiendo en México y emprendió el largo viaje a Estados Unidos, al final, escabulléndose con Lorenzo por un túnel debajo de la frontera, en 1988. Él tenía nueve meses de edad y a ella la motivaba un simple deseo:

–Vinimos a Estados Unidos a componerle la cabeza —dice.

En Phoenix, un médico aceptó examinar a su hijo. Le dijo que la cirugía podía reajustar el cráneo del bebé, aunque con alto riesgo de daño cerebral. Pero, hasta donde él podía ver, el niño estaba bien. La cirugía sería estrictamente cosmética, más allá de lo cual era innecesaria. Laura volvió a mirar el bulto sobre la ceja derecha de Lorenzo, y lo vio bajo una nueva luz. A partir de entonces, le dijo que el bulto significaba que él era inteligente.

–Tu cerebro extra está ahí —le decía.

Una vez en Estados Unidos, Laura y Lorenzo tenían razones para quedarse. La familia apenas si se las arreglaba en México. Tras rebanarse el índice derecho en un accidente de carpintería, Pablo Santillan, el papá de Lorenzo, desaparecía días enteros en el bosque con un fusil viejo para cazar y poder alimentar a su familia. Regresaba con zorrillos, ardillas e iguanas colgados del hombro. Laura los guisaba, les ponía jitomate, chile y cebolla y los llamaba "la comida". Tenía apenas catorce años cuando se casó con Pablo (él tenía veinte), y ninguno pasó del sexto año de primaria. No había muchas oportunidades en Zitácuaro, pero, en Estados Unidos, Pablo podría ganar cinco dólares por hora como jardinero. Parecía valer la pena el traslado.

La familia se mudó a un departamento de dos cuartos cerca del centro de Phoenix. A una calle de ahí, algunas prostitutas ofrecían sus servicios en un edificio abandonado. En las esquinas trabajaban vendedores de drogas. Era muy diferente a Zitácuaro, donde Pablo podía buscar comida en el bosque. Ahora vivían en una gran ciudad, y no era posible cazar para comer. Laura conseguía trabajo esporádico como recamarera en un hotel, y Pablo se dedicaba a la jardinería ornamental durante el verano abrasador de Arizona.

Antes de irse a Estados Unidos, Laura tuvo dos hijos: Lorenzo y Jose, el mayor. Cuando cruzó a Estados Unidos, estaba embarazada, y pronto dio a luz a Pablo Jr., en suelo estadunidense, lo cual significa que su tercer hijo es ciudadano norteamericano. Yoliet y Fernando también nacieron allá. Los tres hermanos nacidos en Estados Unidos tendrían más oportunidades de residencia y trabajo ahí que los dos que adoptaron esa nación como su nuevo hogar.

Para Laura, México fue pronto "un recuerdo borroso"; pero Pablo nunca olvidó la soledad del bosque. Estoico y callado, usaba botas vaqueras y un bigote tan espeso que le cubría la boca. Poseía la naturaleza solitaria y dada al trago del vaquero, pero ahora se encontraba en un desierto urbano inmenso, con cinco hijos. Era una carga muy pesada. Las noches y los fines de semana solía comprar un paquete de doce cervezas Milwaukee's Best, que tomaba poco a poco. Como dice Lorenzo, cuando Pablo bebía se ponía emotivo. A veces le decía que lo quería; otras, le hablaba con brusquedad. En una ocasión, cuando Lorenzo ya iba en la secundaria, Pablo le pidió que limpiara la sala. Lorenzo se negó, y Pablo agarró un cable de extensión eléctrica y salió tras él.

En la escuela no le iba mejor. Cuando creció, sus mejillas sobresalían, pero su coronilla siguió siendo comparativamente angosta, dando a su cabeza forma de huevo. Sus compañeros se burlaban de su cabeza deforme, y en la secundaria se reían de él por ser casi cejijunto.

–Yo no entendía por qué la gente hacía eso —dice Lorenzo. Muchos días regresaba llorando a casa.

No le quedó otro remedio que aceptar que era diferente. Mientras sus compañeros tenían el cabello corto y cara bonita, él era al revés. Su mamá le cortaba el pelo —no podían pagar un peluquero—, y él le pedía que sólo le cortara el flequillo. Pronto lució el estilo *mullet*.

–Te ves muy bien —le dijo Laura.

Sus compañeros eran menos indulgentes; lo ridiculizaban con frecuencia y de muchas maneras. A veces le decían "Cabeza de huevo", y otras "El Buki", en referencia al cantante mexicano de larga cabellera. Cuando le decían "Mujercita", él contestaba furioso que era muy hombre, porque soportaba todos sus insultos.

–¡No quiero ser como los demás! —gritaba, y se fingía inmune.

En séptimo grado, un amigo le pidió entregar mariguana para Sur Trece, pandilla local asociada con los Crips. Él aceptó, y se le confió una libra de yerba, que escondió en su mochila. Después le instruyeron para que la dejara en un hoyo en los jardines de la escuela. Hizo lo que se le dijo, pero estuvo aterrado todo el tiempo. "Podrían descubrirme en cualquier momento", pensaba. Se dio cuenta de que no estaba hecho para ser delincuente, y se negó a volver a hacer algo así.

En cambio, cuando entró a la Carl Hayden Community High School, decidió ingresar a la banda militar. Para prepararlo, su madre le encontró un curso de piano en el Ejército de Salvación y consiguió gratis un piano vertical (aunque le faltaban varias teclas). Lorenzo aprendió a tocar piezas de Debussy (*Clair de lune*), Erik Satie (*Gymnopédie* no. 3) y

Chopin (*Sonata* no. 2). Podía escuchar la melodía unas cuantas veces y luego tocarla. Supuso que ya había aprendido lo suficiente para arreglárselas en los ensayos de la banda.

Por desgracia, los ensayos no son el momento ideal para improvisar. El primer problema fue que la banda no tenía piano. Lo más parecido que el maestro de música pudo encontrar fue el xilófono. Luego, Lorenzo no tenía idea de cómo tocarlo, porque no sabía leer partituras.

No obstante, al acercarse la Navidad, el maestro le dio un uniforme y le dijo que se preparara para el desfile anual. Lorenzo se puso obedientemente su traje, se sujetó el voluminoso xilófono y marchó con el resto de la banda por Central Avenue, en el corazón de Phoenix. Sabía que las piezas que interpretaban tenían partes extensas para xilófono, pero no podía tocarlas. De vez en cuando intentaba atinar algunas notas, pero siempre se equivocaba. Mientras el desfile proseguía sin cesar por el centro de Phoenix, él se preguntaba cuándo terminaría la humillación. Lo más que pudo hacer fue seguirles el paso a sus compañeros al marchar.

—Fue un desfile vergonzoso —dice.

Devolvió el xilófono y nunca regresó a la banda. Sentía que no pertenecía a ninguna parte, pese a estar desesperado por encontrar amigos o, al menos, personas que no se burlaran de él. Pero ésa era una preparatoria, y él se veía raro. Además, se le hizo repetir el primer año, porque debía mejorar su inglés. En consecuencia, era un año mayor que sus compañeros, lo que parecía indicar que había reprobado un grado.

Lorenzo intentaba razonar con sus agresores. Cuando pronunciaba mal una palabra y los demás se reían de él, pedía compasión:

—¿Por qué tienen que burlarse de mí por algo que quise decir? —esto sólo provocaba más carcajadas.

Lorenzo se enojaba cada vez más, y comenzó a pelear en la escuela. Terminaba golpeado, arañado y en la oficina del director. Iba en camino de que lo expulsaran. En un intento por ayudarlo a cambiar, el orientador escolar lo asignó a un curso de control de la ira donde aprendió que su ira era explosiva, el tipo más peligroso. Si no la contenía, se destruiría a sí mismo. El orientador le enseñó a calmarse contando del diez al cero. El problema es que no sabía si se quería calmar. Era difícil ignorar tantas burlas.

Después de clases, Lorenzo comenzó a ayudar a su padrino a arreglar autos. Hugo Ceballos vivía con la familia Santillan y había puesto un negocio informal a la entrada de la casa; cualquiera con un auto en problemas podía llegar, y Hugo levantaba la cubierta del motor, veía qué pasaba y lo arreglaba ahí mismo.

Hugo no le permitía a Lorenzo hacer mucho más que limpiar las herramientas con un trapo mojado en gasolina. Esto le daba a Lorenzo una excusa para pararse junto a los autos y mirar. Aprendió que, al subir un auto con un gato, hay que poner un neumático a un lado al deslizarse bajo el vehículo. De esta forma, si el gato falla, el auto caerá en el neumático, no en uno.

"Ésa es una idea cabrona", pensó Lorenzo.

Quería hacer más cosas, pero Hugo no lo dejaba. Así, revoloteaba en la periferia, limpiando las ocasionales herramientas y observando con atención, mientras Jose, su hermano mayor, ayudaba. Hugo le explicaba a Jose que era importante seguir la pista de todas las partes.

—Recuerda dónde va todo lo que le quitas a un carro —le decía.

Cuando Hugo instalaba un motor reconstruido, Lorenzo permanecía cerca y escuchaba, mientras Hugo le enseñaba a Jose cómo usar una llave de torsión para apretar los pernos. Lorenzo escuchaba atentamente y trataba de acercarse al auto lo más posible. Pero debía tener cuidado; si se les cruzaba a Hugo, o a Jose, de inmediato le gritaban y lo mandaban dentro.

La principal lección que Lorenzo aprendió de todo esto fue que era importante ser creativo. Hugo no tenía un taller mecánico normal, con una pared llena de herramientas y estantes repletos de provisiones. Tenía poco dinero, un juego reducido de herramientas manuales y su ingenio. Para sobrevivir, debía improvisar y adaptarse.

Lorenzo se lo tomó a pecho. No encajaba en la cultura blanca estadunidense ni encontraba su sitio en la comunidad de inmigrantes. Ni siquiera la banda de música —refugio habitual de los preparatorianos inadaptados— había surtido efecto. Pero sus días de asomarse sobre el hombro de Hugo en la entrada de su casa le enseñaron a pensar fuera de la norma. En esa entrada, una idea poco común no era necesariamente mala. De hecho, podía ser la única solución.

Hubo un tiempo en que Carl Hayden fue una escuela bien vista, que contaba incluso con un curso de equitación fuera de las instalaciones. Los alumnos podían montar a caballo en un recinto techado, para no sofocarse en exceso bajo el calor del desierto. Las autoridades escolares locales construyeron incluso un rodeo para los adolescentes. Era una escuela pensada para estudiantes blancos.

Pero dejó de serlo. Hoy, el vecindario que rodea la escuela transmite una sensación de descuido y abandono. Algunas calles siguen sin pavimentar. A las orillas del camino algunas envolturas de comida chatarra y pañales desechables se enredan entre la maleza seca. En la entrada de la institución, en West Roosevelt, guardias de seguridad, dos patrullas y un puñado de policías ven pasar en fila a los adolescentes frente a un letrero que dice: CARL HAYDEN COMMUNITY HIGH SCHOOL: ENTRAR ES UN ORGULLO.

Salir no lo es tanto, ciertamente. Los edificios de la escuela son, en su mayoría, cajones sin gracia de fines de los años cincuenta. El jardín de enfrente se compone tan sólo de matorrales pardos y tramos de tierra seca. Las fotos de generaciones junto a la dirección cuentan la historia de las cuatro últimas décadas. En 1965, casi todos los estudiantes eran blancos y vestían saco, corbata y falda larga. Hoy, noventa y dos por ciento del alumnado es hispano. Pantalones cortos, sueltos y caídos, y camisas de mezclilla bien planchadas son la norma.

El alumnado actual refleja la transformación de Phoenix. Esta ciudad fue fundada en 1868 por Jack Swilling, exoficial confederado adicto a la morfina. Swilling llegó a Arizona buscando oro, pero terminó enamorándose de una mexicana. Trinidad Mejia Escalante, de diecisiete años y originaria de Hermosillo, México, visitaba familiares en el sur de Arizona cuando se encontró con Swilling. Su madre no aprobó al soldado drogadicto, pero la joven estaba locamente enamorada y huyó con él.

Poco después de casarse, los Swilling construyeron un canal cerca de Salt River, exigua corriente que bajaba de las oscuras y calcinadas montañas de Mazatzal hasta un amplio valle. Sembraron maíz, sorgo e incluso un viñedo, y descubrieron que la tierra era productiva. El invierno era cálido y el suelo rico. Poco después, el canal Swilling atrajo a otros pobladores, uno de los cuales llamó Phoenix (Fénix) a la nueva comunidad. Esto remitía a los antiguos y arruinados canales de los indios que aún atravesaban el territorio, restos de una civilización perdida que ahora resurgía a raíz del matrimonio de un estadunidense y una mexicana.

En 1870, los primeros inmigrantes anglos de la región pusieron nombres de presidentes estadunidenses a las calles que corrían de este a oeste, y nombres de tribus indias locales a las que corrían de norte a sur. Esto pareció un arreglo digno, dada la historia de la zona. Pero en 1893 el ayuntamiento decidió rebautizar con números las calles norte-sur. Los nuevos nombres contribuyeron, asimismo, a que los inmigrantes anglos sintieran más suya la comarca.

Al desarrollarse la ciudad, los ingresos en impuestos se asignaron, en gran medida, a la infraestructura de los vecindarios anglos. Los vecindarios blancos recibieron tubería, drenaje y calles pavimentadas. Los barrios de los inmigrantes mexicanos no recibieron casi nada. En 1891, la Phoenix Chamber of Commerce publicó un folleto que promovía sus logros. "Aquí no priva ninguno de los trasnochados rasgos semimexicanos de ciudades más antiguas del suroeste, sino que, en medio de un valle de fertilidad espléndida, ha surgido una ciudad vigorosa y próspera de estructuras majestuosas y bellas residencias."

Cuando la segunda guerra mundial dio origen a un auge manufacturero, se abrieron fábricas en West Phoenix, lejos de los idílicos huertos de cítricos y canales de East Phoenix. Para hospedar a los trabajadores, compañías como Goodyear y Alcoa construyeron pequeñas villas cerca de sus fábricas. El alojamiento atrajo a obreros blancos, quienes crearon una comunidad en el área. La Carl Hayden Community High School nació para atender a esa población.

Pero en los años sesenta y setenta, al ampliarse las fábricas y aumentar la contaminación, los obreros blancos en West Phoenix dejaron el área. Se reportaron brotes de leucemia en niños. En muchos casos, las viviendas estaban mal construidas, ya que se les concibió como construcciones temporales. "Quienes pudieron hacerlo, se mudaron al East Side", dice John Jaquemart, historiador de la ciudad crecido en esa época en East Phoenix. "O, al menos, a cualquier otro lugar."

Al mismo tiempo, surgió la explosión demográfica en la región, debido al auge de la agricultura y las industrias de alta tecnología. En 1950, la ciudad tenía 106,818 habitantes, lo que la convertía en la número noventa y nueve en tamaño en Estados Unidos. En los diez años siguientes, su población se cuadruplicó, y aumentó a partir de entonces en cientos de miles de residentes cada década. En 1990, Phoenix tenía ya una población de casi un millón de personas, y era la sexta ciudad más grande de Estados Unidos.

El auge demográfico repercutió en la economía de la región, ya que los nuevos habitantes relativamente acaudalados necesitaban una extensa variedad de servicios, desde jardinería hasta limpieza. El pronunciado aumento de la demanda de mano de obra fue satisfecho, en parte, por los inmigrantes ilegales que llegaban a raudales del otro lado de la frontera, todos ellos necesitados de un sitio donde establecerse. West Phoenix fue la mejor opción. Era barato, estaba cerca del centro y los blancos lo abandonaban debido a potenciales problemas de salud y a las casas temporales y mal construidas con varias décadas de antigüedad.

Los cambios demográficos de la urbe representaron un reto para las autoridades escolares. Una resolución de la Suprema Corte de 1974 prohibió el transporte escolar entre distritos, lo que significó que los blancos de los suburbios podían permanecer en sus escuelas, mientras que a las minorías del centro se les dejaron las instalaciones abandonadas por sus predecesores. No obstante, en 1985 un juez federal ordenó al distrito eliminar la discriminación racial. Ante las pocas opciones las autoridades escolares intentaron atraer estudiantes blancos a la zona. A mediados de los ochenta, Carl Hayden se volvió un centro de atracción especializado en ciencias marinas y programación de computadoras. La idea era más o menos la siguiente: a los blancos les gustan tanto el mar como las computadoras; así, una escuela que ofrezca cursos especializados en esas materias atraerá a gente blanca.

No funcionó. Ni siquiera todos los planes de estudios de programación u oceanografía fueron suficientes para interesar a las familias blancas, las cuales habían huido a las colonias suburbanas alrededor de Phoenix. Mientras que distritos elegantes como Scottsdale y Mesa estaban llenos de alumnos blancos, Phoenix era crecientemente hispana. Al final, el distrito se rindió. Ya no habría más diversidad para equilibrar. En 2004, Carl Hayden era noventa y ocho por ciento hispana —casi todos los chicos blancos se habían marchado—, de modo que, en 2005, el tribunal federal revocó su orden antidiscriminatoria, vigente por dos décadas. Autoridades y maestros intentaron dar un sesgo positivo a la situación. "De escuela a escuela, estamos igualmente equilibrados", anunció Shirley Filliater-Torres, presidenta de la Classroom Teachers Association del distrito. No señaló que las escuelas estaban igualmente equilibradas porque estaban casi por completo ocupadas por una sola raza. "Hemos hecho quizá todo lo posible por acabar con la discriminación, dada nuestra población estudiantil", dijo.

La transformación fue total. West Phoenix era hispano. Y mientras esa gente trabajaba en el centro o en East Phoenix —limpiando la ciudad, de noche, como fantasmas que desaparecían al amanecer—, los médicos e ingenieros de Scottsdale y Mesa rara vez se aventuraban al oeste. Daban varias razones de ello: era peligroso, estaba sucio, hacía mucho calor.

"No veíamos sino con desprecio cualquier cosa al oeste de Central Avenue", dice William Collins, historiador de la Arizona State Historic Preservation Office.

Según Jaquemart, el historiador de Phoenix, los residentes del East Side aseguraban que no podrían vivir en el West Side porque el sol les daría en la cara al viajar cada mañana al centro para ir al trabajo. El profesor de geografía de Jaquemart en la Arizona State University (ASU) lo dijo más sucintamente: "Ahí no hay nada que valga la pena".

Cristian Arcega trataba de restar importancia a lo que los demás pensaran de él, porque con frecuencia no era positivo. Se crio en Mexicali, México, era delgado y de baja estatura, y no destacaba en las cosas que usualmente hacen que otros se fijen en alguien. No era bueno para contar chistes, ni sabía jugar futbol sin enredarse en sus propios pies. Era tan menudo que cualquiera podía empujarlo con facilidad. Pronto se dio cuenta de que resultaba más interesante quedarse en casa, alejarse de los bravucones y jugar con cosas que no lo lastimaran.

Salvo que a veces lo hacían. Cuando tenía cuatro años, desarmó el radio de su casa y cortó con un tenedor algunos alambres internos. Luego volvió a conectar el aparato destripado. Quería saber qué pasaba si deshacía algunas conexiones y enchufaba aquella cosa. Cuando movió el interruptor, el radio soltó un fogonazo eléctrico, y se fue la luz. Su mamá llegó corriendo a zarandearlo. Mientras le gritaba, él sólo podía pensar en una cosa: "¡Guau, eso fue divertido!".

Pronto, todo lo que su madre le compraba terminaba hecho trizas en el piso de concreto de su casa inconclusa, en un vecindario pobre cerca de la frontera.

—Siempre quería ver todo por dentro —recuerda su mamá.

Cuando cumplió cinco años, Cristian anunció que quería hacer robots. Nadie en su familia supo qué decir. Él asistía a un jardín de niños hecho con tarimas de madera procedentes de barcos; no había mucha tecnología en el salón. Tampoco había heredado esa idea de sus padres, quienes no acabaron la escuela primaria y tenían poco interés en máquinas programables. Pero, por alguna razón, Cristian se obsesionó con hacer robots.

En 1994, Juan Arcega, su papá, viajó a Estados Unidos y encontró trabajo en Arizona fabricando contenedores móviles. Ganaba más ahí que en una empacadora de verduras en Mexicali, pero extrañaba a su familia. Aparte, sentía que Estados Unidos ofrecía más oportunidades a su excepcional hijo. Cristian seguía tratando de hacer cosas con trozos de madera y clavos oxidados —desde helicópteros que nunca volaban hasta autos de carreras que apenas si podían rodar—, y Juan estaba seguro de que su hijo no podría desarrollar sus habilidades si se quedaba en Mexicali. Tal vez en Estados Unidos tendría una oportunidad.

En noviembre de 1995, Cristian fue llevado al otro lado por miembros de su familia. Tenía cinco años, y el viaje fue un misterio para él, principalmente porque se quedó dormido en el auto. Cuando despertó, estaba en Yuma, Arizona. Su familia no le dijo nada acerca del cruce. Ellos sólo siguieron conduciendo dos horas más, al este, hasta llegar a la pequeña ciudad de Stanfield, Arizona.

Stanfield no parecía mucho mejor que Mexicali. Tenía una población de seiscientas personas, pero parecía un pueblo fantasma. Plantas rodadoras invadían lotes baldíos. Muchas de las casas aún en pie estaban tapiadas. Pero había algunas porciones de terrenos agrícolas en medio del vasto y vacío desierto de Sonora.

Los Arcega se instalaron en la casa que rentaba Juan. Cristian la recuerda como "una casa horrible y decrépita", con postigos arrancados y agujeros en las paredes. La compartían con otra familia, todos amontonados en tres cuartos llenos de polvo.

Cristian entró ese diciembre a la Stanfield Elementary. El plantel era una serie de bellos edificios de ladrillo con un letrero al frente en el que aparecía un correcaminos, la mascota de la escuela. Parecía un sitio agradable, salvo que Cristian no hablaba nada de inglés. El primer día se sentó en un pupitre de madera aglomerada con un compartimento abajo. Mientras la maestra de tercero parloteaba cosas incomprensibles, él vio que sus compañeros sacaban de sus pupitres hojas de trabajo. Cristian hizo lo mismo, pero no captaba las instrucciones en inglés. Volteó a ver a la niña sentada a su lado, pero ella dijo algoríspido y cubrió lo que estaba haciendo.

Se supone que, al terminar las clases, Cristian debía tomar el autobús escolar a casa. Su mamá le había dicho qué camión abordar, pero cuando él salió a buscarlo, vio muchos autobuses amarillos idénticos. Reconoció a una niña —la había visto jugar en una casa cercana a la suya—, así que se subió al mismo autobús que ella.

El camión avanzaba y avanzaba, pero nada parecía conocido. Cuando la niña se bajó, Cristian no vio su casa por ningún lado, y no se movió. Por fin se quedó dormido.

Lo despertó el chofer, y él vio que era el único niño que quedaba en el autobús. Ya había oscurecido. Cristian había pasado horas enteras en el camión.

–¿Dónde vives? —le preguntó el chofer.

Cristian le enseñó una hojita. Su mamá había escrito la dirección. El señor se rio y dijo algo. Cristian entendió lo esencial:

–Te subiste al camión equivocado, niño.

El conductor fue amable y se tomó la molestia de llevarlo a casa. Pero Cristian siguió teniendo dificultades durante el resto del año escolar. A veces terminaba a un cuarto del trayecto a Yuma, y otras a medio camino a Phoenix, antes de darse cuenta de que había un problema. Veía bajarse a un niño tras otro hasta que él era el último a bordo. Se las arreglaba durmiéndose. En al menos una ocasión, su mamá fue a la escuela porque no había llegado a cenar, y un empleado se comunicó por radio con los conductores de los autobuses hasta que uno de ellos informó que llevaba un niño dormido a bordo.

Asistía a un curso de inglés, pero Cristian seguía confundiéndose. Un día en que no comprendió una tarea, una de sus maestras le gritó. Cristian leía bien todas las palabras, pero no sabía qué significaban. Ese año sacó puros cincos.

Algunos niños no eran cordiales. Recuerda haber oído por primera vez la palabra *wetback* ("espalda mojada") en el autobús escolar, dirigida a él. Los chicos eran más descarados en el autobús porque el chofer iba manejando y no podía hacer nada para detener las burlas. Cristian casi nunca entendía bien lo que decían de él, pero sabía que no era amable.

Obviamente, no ganaría una pelea. Era pequeño, y estaba en desventaja numérica. Pero se resistía a rendirse. Aunque algunos de sus maestros lo ridiculizaban y sus compañeros lo hostigaban, estaba convencido, incluso a sus seis años, de que era más listo que la mayoría de ellos. Su petulante indiferencia incitaba abusos. Un chico en particular parecía complacerse en insultarlo. Finalmente, el último día del año escolar, Cristian golpeó en la cara a un niño al bajar del autobús, y huyó a casa antes de que alguien pudiera reaccionar.

Ese verano, su familia se mudó a una casa rodante en las afueras de la ciudad, donde la temperatura se disparaba a cuarenta y tres grados. Cuando Cristian se aventuró afuera para jugar en la tierra, se quemó las manos con un pedazo de metal y le salió una roncha. Decidió entonces quedarse en casa. Tenían una televisión, que a veces sintonizaba una emisión en español, llena de interferencia procedente de Nogales, a ciento cincuenta kilómetros al sur, de los *Power Rangers*.

Fue entonces cuando se interesó en un programa de un sujeto blanco y barbado que empuñaba una sierra circular. El señor tenía el cabello canoso y una voz ligeramente nasal, y cortaba un pedazo de madera con la sierra. Cristian se percató rápidamente de que hacía una escalera. Su hermana menor se quejó —quería ver las caricaturas—, pero él no la dejó cambiar de canal. Acababa de descubrir la magia de Bob Vila, el extraordinario gurú de las mejoras domésticas.

De 1979 a 2007, Vila condujo una serie de populares programas sobre la remodelación del hogar que pusieron de moda las reparaciones domésticas e inspiraron *Home Improvement* (*Mejorando la casa*, en América Latina), el programa cómico de Tim Allen. Con un acento netamente estadunidense, camisas a cuadros y una empresa remodeladora en Nueva Inglaterra, Vila parecía un yanqui de cepa. En realidad había nacido en Cuba. Su familia salió de La Habana en 1944, y él creció en Miami hablando español.

"En algún momento tienes que elegir conscientemente tu identidad, y yo decidí ser un chico estadunidense", dice él mismo acerca de su experiencia de haber crecido en una familia hispanohablante. "Durante los cuarenta y ocho años posteriores, no presté atención a mi ascendencia."

Todavía en 1996, en un tráiler en medio del desierto de Arizona, Vila fue un símbolo de esperanza para un chico que batallaba con su identidad cultural. Vila y las máquinas que usaba cautivaron a Cristian. Este niño de seis años no necesitaba hablar inglés para apreciar la cruda belleza de una mezcladora de cemento o de las retorcidas entrañas de una compresora de aire. Le encantaba ver herramientas eléctricas, y cómo despedían aserrín. La mesa de trabajo de Vila parecía enorme, algo que un gigante usaría. Era un destello de un mundo mágico en el que la gente disponía de una cantidad infinita de provisiones y herramientas extraordinarias. En comparación, las caricaturas palidecían. Para Cristian, *Bob Vila's Home Again* fue un verdadero cuento de hadas.

Verlo era emocionante, pero también motivo de frustración. El lote vecino estaba lleno de autos viejos. Riquezas mecánicas indecibles se acumulaban justo al otro lado de la alambrada, pero el dueño de la propiedad no dejaba que Cristian examinara los autos. Incluso lo acusó de robar partes. Cristian respondió que todo eso era chatarra; nadie la querría.

Cada año esperaba con ansia la estación de los monzones que, por lo general, comenzaba en junio. El viento levantaba y avivaba entonces en el cielo columnas inmensas de polvo de miles de metros. Tapaban el sol y refrescaban el ambiente, pero lo mejor no era eso. Lo que más le gustaba a Cristian era la extraña variedad de cosas que los aires llevaban hasta su patio, desde hierbas geométricamente complejas hasta balones de basquetbol que podían servir para hacer modelos del sistema solar. Recuerda haber visto una piscina de plástico de 3.5 metros caer del cielo y aterrizar frente a su casa. Esto era lo más parecido a la prodigalidad del programa de Bob Vila que él podía tener.

Cuando tenía nueve años, su familia se mudó a un desvencijado parque de tráileres en West Phoenix. Juan consiguió empleo como soldador en una compañía fabricante de rampas de metal para discapacitados. Irónicamente, uno de sus clientes era la Border Patrol. La familia de Juan vivía ilegalmente en Estados Unidos, pero de todas formas él fue enviado a Nogales para instalar rampas de acceso en instalaciones de esa agencia del orden público.

Ese parque de tráileres se llamaba Catalina Village y se anunciaba como una "comunidad amurallada". Los largos tramos de bloques de hormigón de 1.5 metros que la rodeaban no estaban pintados, con excepción de porciones grafiteadas y apresuradamente cubiertas a mano con pintura. La entrada tenía un vistoso letrero que decía SE PROHÍBE MÚSICA ESCANDALOSA, en inglés y en español. Un par de tenis colgaba de los cables eléctricos sobre la entrada, lo que indicaba que era posible comprar drogas en el área. La página de internet del parque daba un giro optimista a la situación: "¡Inicia el mejor momento de tu vida en una de nuestras casas en Phoenix, Arizona!".

Los Arcega ocuparon una casa rodante rosa de un solo ancho. A Cristian le pareció una gran mejora, sobre todo porque no había basura por todas partes. Además, la Alta E. Butler Elementary School quedaba a sólo una calle. Eso quería decir que no habría más autobuses escolares ni posibilidades de que se burlaran de él. Podía ir caminando a la escuela.

Lo malo fue que desarrolló alergias. Los senos nasales se le obstruían, y le lloraban los ojos. Su mamá lo llevó al doctor, quien probó varios alérgenos en su piel y concluyó que Cristian era alérgico a casi todo. Su mamá decidió que la mejor solución (y la más accesible) era que permaneciera en casa y viera más televisión.

Pronto descubrió que ver a Bob Vila lo ayudó a mejorar su inglés. En cuarto grado ya lo hablaba con soltura, y en quinto obtenía excelentes calificaciones. Se había vuelto tan hábil que se encontró preguntándose por qué los demás en su salón eran tan lentos. "De repente todo se volvió aburrido", dice.

Pasaba el mayor tiempo posible en la raquítica biblioteca de su escuela, leyendo los libros más difíciles que encontraba. Las opciones se le acabaron rápido, y se descubrió indignándose por una serie de National Geographic para niños, con muy pocos datos e información. Decidió también que las tareas escolares eran insustanciales y estaban por debajo de su capacidad, aunque de todas formas las hacía. Esto era más fácil que demostrar a sus padres y maestros que eran un ejercicio inútil.

No fue sino hasta octavo grado cuando encontró a alguien que lo inspiró. La señora Hildenbrandt enseñaba química y lo animó a elegir un proyecto independiente. Él decidió estudiar la ciencia de los cohetes. En particular, quería explorar el efecto de distintos diseños de aletas sobre las propiedades aerodinámicas de un cohete. A Hildenbrandt le pareció una gran idea y lo instó a ejecutarla.

Cristian reclutó a un par de compañeros en su equipo de lanzamiento. Juntos reunieron unos dólares y compraron un cohete para armar de un catálogo de pedidos por correo. Un día, después de clases, Cristian ató una resistente cuerda para pescar en un extremo de la cerca del campo de futbol y la tendió ciento cincuenta metros hasta otro poste. Unos chicos jugaban en la cancha, pero él había tendido la cuerda en un costado. Pensó que no pasaría nada.

Cuando tensó la cuerda y la fijó al cohete, estaba muy emocionado. Había preparado un experimento perfecto. Había equipado el cohete con el motor más pequeño posible, y ciertos cálculos le hacían creer que no cubriría toda la distancia entre los postes. Encendería el cohete, lo vería deslizarse horizontalmente por la cuerda y mediría la distancia recorrida. Probando una serie de diseños de aleta, determinaría cuál era el más aerodinámico, con base en lo lejos que llegara el cohete. En todo caso, ésa era la idea.

Insertó con cuidado los dispositivos eléctricos de encendido, fue soltando los alambres y, sólo por diversión, inició la cuenta regresiva: "Tres, dos, uno, ¡despegue!".

El motor del cohete encendió con un rugido, derritiendo de inmediato la cuerda de plástico. Libre de su guía, el cohete estuvo en libertad de volar en cualquier dirección, y apuntaba horizontalmente al otro lado de la cancha. Los niños que jugaban futbol salieron gritando y corriendo para protegerse.

Casi al instante, el cohete giró, salió disparado hacia arriba y emitió un fuerte estruendo sobre la cancha. Un maestro salió a toda prisa de un salón y vio a niños aterrados dispersándose por todas partes. Arriba, el cohete descendía pacíficamente en un paracaídas. Mientras todos mantenían su distancia, un niño corrió emocionado hacia el artefacto: era Cristian.

—Fue así como supieron quién lo había hecho —dice él mismo.

El maestro lo reprendió y le ordenó que no volviera a cometer tal imprudencia. Cristian dijo comprender y se resignó a olvidarse del cohete. Pero, para sus adentros, se preguntaba cuál sería su siguiente experimento.

Al terminar octavo grado, Cristian pensó en la preparatoria. Había oído hablar del bachillerato internacional de la North High School. Se suponía que era pesadísimo y eso le atraía. Pero cuando fue a pedir una solicitud, le dijeron que ya no había cupo. Antes de buscar en otro lado, decidió que la escuela de su vecindario estaba bien. Carl Hayden se encontraba a sólo seis calles de su casa y presumía de dos atractivos e interesantes cursos: ciencias de la computación y ciencias marinas. Quizás estos cursos no habían conseguido captar la atención de muchos estudiantes blancos, pero sí despertaron la curiosidad de Cristian.

Cuando llegó a Carl Hayden, decidió inscribirse en todas las materias para alumnos distinguidos, principalmente para librarse de "los idiotas" que fastidiaban a los maestros, gastaban bromas en clase y se burlaban de que él fuera tan serio. Advirtió que los alumnos distinguidos tendían a no hacer alboroto, pero su inteligencia no le impresionó gran cosa. Se saltó el curso de ciencias de primer año y se inscribió en el de biología de segundo.

Asimismo intentó complementar su aprendizaje investigando en internet sobre biología celular y sobre Shakespeare. El problema era que el único acceso a internet que tenía en casa funcionaba con un módem de marcación telefónica. Justo cuando él comenzaba a disfrutar los suculentos detalles de la replicación celular, su hermana levantaba el teléfono y cortaba la conexión. "¡Hey!", gritaba él. Su hermana le respondía que había otros en la familia que necesitaban usar el teléfono. Añadía que él era un alienígena que sus padres adoptaron luego de encontrarlo junto a un basurero.

Los breves destellos de un mundo lleno de conocimientos seducían a Cristian. También hacían que, en comparación, la escuela pareciera aburrida. No le fue difícil sobresalir. Pronto se ubicó como uno de los dos mejores estudiantes de su generación, de seiscientos. Pero se aburría. Realmente se aburría.

Fue entonces cuando conoció a Fredi Lajvardi.

Antes de verlo, oyó hablar sobre el curso de ciencias marinas de Carl Hayden. Casi a diario, un bombo retumbaba en las losetas de mármol del pasillo, y una melodía tecno vibraba en el aire. El ruido procedía del salón 2134, un aula oscurecida y sin ventanas con paredes cubiertas de peceras. Una luz tenue emanaba del acuario reluciente y burbujeante, lo que daba al salón una atmósfera como de centro nocturno. A primera vista, era difícil identificar al maestro. Esto se debía a que Fredi Lajvardi solía quedarse atrás, poniendo música en una serie de computadoras. Llamado Ledge por sus alumnos, versión corregida y condensada de su apellido iraní, Fredi poseía la energía inagotable de un DJ en una fiesta que dura toda la noche.

Técnicamente, él era el coordinador del curso de ciencias marinas, cargo que ocupaba desde 2001. En realidad, nunca le interesó dar clases o enseñar a la manera tradicional. Al inicio de cada clase, hacía un corrillo como si fuera un entrenador de futbol, y asignaba a los chicos misiones individuales para el momento. "¡Bueno, a trabajar!", decía al final con entusiasmo, batiendo palmas y mandando a los chicos de vuelta a sus mesas. Repartía consejos sin cesar: "Piensa en la fuerza gravitacional de la luna", "¿De veras vas a dejar basura en mi salón?", "Si alguien se entera de una amenaza de bomba, avíseme". Su aula tenía la intensa energía de un evento deportivo, en el que Fredi era el entrenador, el porrista, la banda, la mascota, el conserje y el destacamento de seguridad, todo en uno.

La música era parte importante de la atmósfera. De hecho, el golpeteo tecno que emergía de los altavoces del salón de Fredi solía ser el suyo. Había grabado un álbum a principios de la década de 2000 —*Ledge on the Edge*—, aunque nunca intentó ponerlo a la venta. Componía de noche usando el software de audio ACIDPlanet, y ponía sus pistas en un ciclo interminable para su público cautivo. Las reacciones eran variadas: a Cristian, en lo personal, le parecían horribles, pero muchos otros se resistían a criticar abiertamente las melodías de su maestro. La música de Fredi transmite, en gran medida, la sensación propia de mediados de los años ochenta, de la pista sonora de *Beverly Hills Cop* —pitidos chirriantes, tambores y ritmos incisivos—, pero para su quinta o sexta repetición se desvanece inocuamente al fondo.

Aun así, esa música ejercía un efecto, incluso después de que los estudiantes dejaban de ponerle atención. Su ritmo animoso e impulsivo indicaba que había un millón de cosas que hacer. Era casi imposible escucharla y quedarse quieto. En ACIDPlanet.com —foro de usuarios de ese software musical—, Fredi declaró su propósito: "¡Espero que la gente ponga mi música cuando tenga que llenarse de energía y echar a andar!".

En su trayecto de cada mañana a la escuela, a Fredi le gustaba poner su música a todo volumen. Pero no daba la impresión de que necesitara más energía de la que ya tenía. Era un torbellino barbado y correoso de 1.65 de estatura que desbordaba el entusiasmo de un corredor de larga distancia. Cuando estaba en la preparatoria, participó cada año en el campeonato estatal de carrera a campo traviesa, y en una competencia de 5 km corría una milla (1.609 km) en cinco minutos en promedio. Ahora que ya había llegado a los cuarenta, hacía una milla en menos de seis minutos, esforzándose con la determinación de alguien que aún tiene algo que demostrar.

La música formaba parte de su filosofía educativa. Fredi había dirigido siempre su atención a animar a los jóvenes a aprender. Le importaba menos cubrir el programa obligatorio que encontrar proyectos prácticos. Muchos alumnos sentían que la escuela era estéril y burocrática. La música de Fredi era sólo un medio a través del cual él intentaba cambiar el ambiente. No necesariamente importaba si gustaba o no. Bastaba con que fuera distinta.

Asimismo, él buscaba tiempo no estructurado en el horario escolar. Cuando llegó a Carl Hayden, en 1987, puso en marcha el seminario de ciencias, curso sin ningún programa. Se limitó a indicar a sus alumnos que buscaran algo divertido que hacer, o una idea por probar. Al paso de los años, sus estudiantes emprendieron proyectos inusuales. Uno intentó enseñar a ratas daltónicas a diferenciar colores. Otro hizo una maqueta de plastilina (a escala 1:60) del centro de Phoenix, la metió en un túnel aerodinámico e introdujo en bióxido de carbono. La meta: determinar cómo podía emplearse la arquitectura para aumentar la circulación del aire y contribuir a disipar la contaminación retenida. El aula de Fredi se convirtió así en refugio de reparadores, inventores y soñadores frustrados.

En consecuencia, el día en que Cristian Arcega entró muy campante al salón de ciencias marinas, Fredi estaba más que preparado para apreciar su talento. Cristian supo de Fredi por Michael Hanck, otro chico de primer año que tomaba ciencias marinas. Alentado por Fredi, Hanck se había puesto a hacer robots en el salón.

"¿Robots?", preguntó Cristian.

Eso era lo que él había esperado escuchar durante toda su vida.

El 27 de julio de 1997, la policía del suburbio de Chandler, en Phoenix, fue desplegada tanto a pie como en bicicletas, patrullas y furgones. Recibieron quejas de residentes de que inmigrantes se bañaban desnudos en los naranjales alrededor de la ciudad. A otros lugareños les molestaba que personas supuestamente mexicanas merodearan por el Circle K, en la esquina de Arizona Avenue y Fairview Street. El problema adquirió proporciones globales en la mente de las autoridades; James Dailey, agente de inteligencia del Servicio de Inmigración y Naturalización (SIN), describió el área como "el primero o segundo punto de reunión de extranjeros más notorio del mundo".

Los agentes identificaron rápidamente a probables objetivos. Cuando Venecia Robles Zavala, madre de tres menores de edad, salía de Food City, en Arizona y Warner, fue detenida por un agente en bicicleta. Él la oyó hablar en español con su hijo de cinco años y exigió ver sus papeles.

—¿Qué papeles? —preguntó ella, sorprendida—. ¿Periódicos?

—Papeles de inmigración —aclaró el oficial.

—Soy ciudadana estadunidense.

El policía le pidió demostrarlo, así que ella le enseñó su licencia de manejo. Aquél no se dio por satisfecho; una licencia de esa índole no era prueba de nacionalidad. Como él la oyó hablar español, necesitaba una confirmación de más peso, como su pasaporte o tarjeta del Seguro Social. Por suerte, ella llevaba en la cajuela su acta de nacimiento. Esto sí bastó para convencer al oficial de que ella no debía ser deportada.

Otras cuatrocientas treinta y dos personas "de apariencia hispana" fueron detenidas en el marco de esa redada, que la policía llamó Operation Restoration. La meta declarada era "erigir colonias más fuertes". El sexto día de la campaña, la policía y Border Control se "dieron una vuelta" por la Hamilton High School y arrestaron a trece "extranjeros", a los que subieron a una camioneta y deportaron. En un Little Caesars cercano, un chico de dieciséis años y su amigo esperaban una pizza cuando un policía y un agente de la Border Patrol llegaron y les preguntaron si eran "legales". El adolescente dijo serlo, pero los oficiales no le creyeron. Ordenaron al empleado devolver a los chicos su dinero —ellos no cenarían pizza esa noche— y los subieron a una patrulla. Uno de ellos pudo llamar a su madre, quien llegó justo a tiempo con su tarjeta del Seguro Social, pero su amigo no tuvo tanta suerte y fue deportado.

Al detener a un inmigrante, los agentes tenían que llenar el formato I-213, un formulario de deportación de extranjeros. Éste disponía de un espacio para describir al detenido, con objeto, entre otras cosas, de que los policías demostraran que habían tenido motivo para aprehender al individuo. De acuerdo con documentos del SIN relativos a esa redada, la causa probable podía ser "ropa propia de extranjeros llegados en forma ilegal" u "olor intenso común a los extranjeros ilegales".

La policía no restringió sus actividades sólo a la calle. El 28 de julio de 1997, las autoridades convencieron al administrador de un parque de casas rodantes de marcar en un mapa con una equis cada casa ocupada por personas sospechosas de ser inmigrantes ilegales. Esa misma noche, alrededor de las once, algunos oficiales golpearon la puerta de una familia que dormía. Un hombre que la policía identificó como B despertó viendo luces en las ventanas. Cuando abrió, los oficiales entraron con aire resuelto, pese a sus protestas.

"Podemos hacer lo que queramos", respondió un agente, aunque admitió que no llevaban orden de cateo. "Somos del Departamento de Policía de Chandler. Aquí hay personas que viven ilegalmente en el país."

Despertaron también a los cuatro hijos y al cuñado de B, y les ordenaron presentar sus papeles. Estaban en piyama, pero la policía no les permitió cambiarse, pese a que B demostró que dos de sus hijos eran ciudadanos estadunidenses, mientras que los otros dos y él eran residentes legales. Cuando los policías descubrieron que la visa del cuñado había expirado, pidieron apoyo por radio y se lo llevaron en piyama.

Al analizar aquella razzia, el fiscal general de Arizona, Grant Woods, descubrió que una mujer embarazada fue subida a una camioneta sin ventanas ni agua, un día en que la temperatura era de 38 grados. "En la escena de una detención y arresto masivos, la policía de Chandler pidió la intervención de unidades caninas, lo que resultó en al menos un individuo mordido por un perro", señaló Woods en su informe. Asimismo, indicó que, en al menos un caso, un policía hizo uso de "fuerza física excesiva para el arresto", al grado de que los agentes de la Border Patrol que lo acompañaban tuvieron que contenerlo. Woods señaló igualmente que casi ninguno de los deportados tenía antecedentes penales: "No existían órdenes de arresto, acusaciones ni detenciones relacionadas con tales individuos que indicaran actos delictivos previos o justificaran seguridad o fuerza física extraordinaria".

Escribió Woods: "La pregunta que se plantea ante un trato así no es si el arresto y la deportación son legales, sino si estos seres humanos tienen derecho a cierta medida de dignidad y seguridad aun si se sospecha que se encuentran ilegalmente en Estados Unidos".

Aunque la redada de Chandler fue una de las más grandes en la historia de Phoenix, no fue un hecho aislado. Una búsqueda en el suburbio de Mesa, en Phoenix, en diciembre de ese mismo año arrojó ciento noventa y un inmigrantes ilegales, mientras que en marzo de 2000 el SIN detuvo en el área a otros ciento cuarenta inmigrantes presuntamente ilegales. En enero de 2000, el SIN lanzó la Operation Denial, fuerza de tarea de cien agentes que fueron enviados al Aeropuerto Internacional Sky Harbor de Phoenix y al Aeropuerto Internacional McCarran de Las Vegas. Phoenix fue el principal foco de atención; oficiales del SIN llamaron a Sky Harbor la "Grand Central Station" del ingreso clandestino a Estados Unidos.

El clima en Arizona se deterioró rápidamente. En 2000, el ganadero Roger Barnett declaró la guerra a los migrantes. "Humanos, la principal presa sobre la Tierra", dijo a un periódico de Londres. Cosió en su camisa una insignia de factura doméstica que decía PATRIOT PATROL, subió en un vehículo todo terreno y recorrió su rancho de nueve mil hectáreas en Arizona en busca de cualquiera con aspecto de mexicano. Según documentos judiciales, cuando encontraba a personas de apariencia hispana, las aprehendía a punta de pistola y amenazaba con matarlas. Su bravuconería inspiró a otros, quienes formaron grupos de vigilantes armados para patrullar el estado.

En 2003, a ciento treinta kilómetros al sur de Phoenix, doce migrantes dormían junto a un abrevadero a la espera de un traficante que los introduciría más aún en territorio estadunidense, cuando aparecieron dos hombres vestidos con ropa de camuflaje y armados con un rifle automático y una pistola. Abrieron fuego y mataron a dos de los migrantes. La policía encontró después los cadáveres acribillados. Nadie fue castigado por este crimen.

En 2004, cuando Cristian llegó al salón de ciencias marinas de Fredi, organizaciones como Minutemen, Ranch Rescue y American Border Patrol ya recorrían el estado en busca de inmigrantes ilegales. "Ésta es una invasión, la mayor de la historia", escribió el aspirante a la presidencia Patrick J. Buchanan en su libro *State of Emergency: The Third World Invasion and Conquest of America*. "Lo que México hace con el suroeste estadunidense es lo que, desde tiempos inmemoriales, han hecho todas las tribus para conquistar y colonizar poco a poco el territorio de otras."

Todo indica que, para Buchanan, lo que estaba en juego era nada menos que la sobrevivencia de Estados Unidos. Desde su perspectiva, los migrantes que supuestamente llegaban al país a limpiar baños y clavar clavos, en realidad tramaban un insidioso complot para rescatar el territorio que México perdió en su guerra contra Estados Unidos en 1846-1848. Ese complot, aseguró Buchanan, tenía nombre: se llamaba "La Reconquista".

"La Reconquista no se consumará con la fuerza de las armas, como ocurrió con la anexión estadunidense del suroeste y California en 1848", escribió. "Se logrará por medio de una invasión no violenta, y de la transformación cultural de esa enorme parte de Estados Unidos en una zona fronteriza mexamericana, donde la cultura dominante será hispana y los anglos se sentirán despojados y empezarán a emigrar."

El elemento clave de ese supuesto complot eran los hijos de los migrantes. Buchanan alegó que muchas familias llegaban a Estados Unidos para aprovecharse de los servicios del gobierno. No iban a trabajar; estaban ahí para solicitar asistencia social. La escuela era un tema particularmente espinoso. Él aceptaba que los niños inmigrantes querían estudiar —y, por tanto, tal vez deseaban asimilarse y contribuir al país—, pero sostuvo que educarlos era mala idea, ya que sobrecargaba al sistema educativo y extraía recursos de ciudadanos asentados tiempo atrás. En su opinión, era mejor rechazar a los migrantes, sobre todo porque él creía que jamás lograrían gran cosa: "A millones de inmigrantes —y en especial a sus hijos— que hoy sobreviven gracias a la asistencia social se les inculcan los valores de una subcultura de pandillas, crimen, drogas y violencia".

Buchanan bien pudo ser sólo un experto con un estrado y altas aspiraciones, pero Joe Arpaio, el sheriff del condado de Maricopa, coincidía con él y se hacía oír por igual, aunque él sí tenía autoridad. El sheriff Joe, como se le conoce localmente, ha tenido jurisdicción sobre Phoenix y su extensa área metropolitana desde que se le eligió por primera vez al cargo, en 1992. Arpaio triunfa a menudo con más de sesenta por ciento de los votos, apoyo popular que lo ha facultado para actuar con energía. En su autobiografía, aparecida en 2008, advirtió que los inmigrantes mexicanos creen que "Estados Unidos les robó el actual territorio de California, Arizona y Texas [...] y la inmigración masiva por la frontera no hará sino acelerarse, garantizando así la *reconquista* de estas tierras y su devolución a México". Tituló su libro *Joe's Laus: America's Toughest Sheriff Takes on Illegal Immigration, Drugs, and Everything Else That Threatens America*. Creía que el gobierno federal no hacía lo suficiente para repeler a los mexicanos, y juró tomar en sus manos la resolución de ese asunto.

Para él, los inmigrantes mexicanos eran distintos a sus antecesores de otras latitudes. Además de delincuentes, solían ser portadores de enfermedades, y carecían de los valores de los estadunidenses. "Como todos los demás inmigrantes, menos los de México, mis padres abrigaban ciertas esperanzas y verdades", escribió en su libro. Los mexicanos eran diferentes. La mayoría que su departamento aprehendía eran, dijo, "potenciales" portadores de influenza porcina. "Todos ellos son sucios", dijo a *GQ* en 2009.

En efecto, los promotores de un enfoque más agresivo de la inmigración alegaban que los migrantes mexicanos eran una amenaza doble. Además de un plan encubierto de apoderarse del territorio estadunidense, también llevaban a cabo una "invasión silenciosa" de enfermedades. No eran simplemente personas en busca de empleo; eran parásitos que debían ser aplastados. Un informe citado en el libro de Buchanan advertía que los enfermizos migrantes "ponen en peligro a los niños en las escuelas y en los cines, a cualquiera cerca de un vago que tose o estornuda, o a clientes de restaurantes de comida rápida que bien podría haber sido preparada por un 'invasor'". Los autores de ese informe recomendaban deportaciones masivas.

Para muchachos como Cristian y Lorenzo, obtener buenas calificaciones parecía ser, a veces, el menor de sus problemas.

Una mañana de invierno de 1996, el olor a pino y roble quemados despertó a Oscar Vazquez. Tenía nueve años de edad y, al dejar la cama, vio una gran quemazón en el patio. Una olla enorme soltaba nubes de vapor en el aire tempranero de la Sierra Madre Occidental, la escarpada cadena montañosa que atraviesa el costado noroeste de México. Oscar se emocionó: aquello quería decir que su papá sacrificaría uno de los cerdos de la familia, señal indiscutible de fiesta inminente. Temosachic era una ciudad de mil habitantes y dos autos, aunque al papá de Oscar le gustaba decir, en broma, que uno de ellos siempre estaba descompuesto. Los caminos eran de terracería y la gente era pobre, pero sabía cómo hacer una fiesta. Habría muchos niños, juegos y tacos de carnitas, los favoritos de Oscar.

Él vio a su padre sacar al cerdo del corral. Ramiro Vazquez tenía una cara larga y arrugada y un bigote angosto que afeitaba bajo la nariz para que formara una fina línea en su labio superior. Alguna vez fue policía, pero no le gustó. El gobierno le dio una pistola descompuesta que sólo disparaba al apuntar hacia arriba. Al final, renunció, y ahora cultivaba maíz. La familia también tenía cuatro vacas, tres cerdos, dos caballos, un potro y una mula, así que el sacrificio de un marrano indicaba que iba a ocurrir algo grande. Ramiro amarró a un poste las patas traseras del animal, ató las delanteras y tendió la cuerda a su hijo menor.

—Jala, hijo —ordenó.

Oscar tiró lo más fuerte que pudo. Ya antes había visto matar animales, pero nunca participó. Su papá sacó un cuchillo y mató rápido al animal. Oscar tuvo que forcejear para mantenerlo en su sitio mientras se sacudía y retorcía. Un chorro de sangre se regó por el suelo. Cuando el animal dejó de moverse, Oscar soltó poco a poco la cuerda. Ya no era el niño inocente de minutos antes.

Preguntó a su papá cómo prepararían el puerco. Fue entonces cuando le dijo que no lo harían en carnitas. No habría fiesta, niños ni juegos. Iban a vender la carne al carnicero para que Ramiro pudiera financiar su viaje a Estados Unidos. Iba a dejar a su familia. La caída en el precio del maíz dificultaba pagar las cuentas, sobre todo cuando los animales comían una porción muy grande de la cosecha. Su papá tenía que irse al otro lado. Oscar cayó en estado de shock.

Ramiro partió una semana después, un miércoles de 1996. Manuela, la mamá de Oscar, quedó formalmente a cargo, pero pronto fue víctima del temor. Cuando Oscar salía a la escuela en la mañana, la veía como atontada junto al fogón. Cuando volvía a casa en la tarde, ella seguía ahí, mirando las llamas. Pedro, el hermano mayor de Oscar, tenía diecisiete años, pero no ayudaba mucho en la casa; había empezado a salir en las noches con sus amigos y dormía hasta tarde. Luz, la hermana de Oscar, tenía quince y sabía cocinar, pero, en la práctica, la partida de Ramiro hizo de Oscar el hombre de la casa.

Era difícil. Él se encargaba de dar de comer a los animales, y cuando se quedaba sin forraje, iba de puerta en puerta a regatearles alfalfa a sus vecinos con los pocos pesos que tenían. Pronto se vieron obligados a vender las vacas, para irla pasando. Cuando llovía, el agua se metía por grandes goteras en el techo oxidado. Oscar y su hermana ponían cubetas.

Ramiro fue a dar a una granja de papas en Idaho, y empezó a mandar cien dólares al mes. Eso era suficiente para irla pasando, pero Oscar extrañaba a su papá. Iba en cuarto año y era un alumno sobresaliente. Ganó el primer lugar en el concurso escolar regional, y el segundo en el estatal. Recibió un trofeo, el primero que obtenía su escuela. Los maestros lo exhibieron en una asamblea, e incluso improvisaron un mueble exhibidor con dos pupitres maltrechos. Claro que Ramiro no estaba ahí para ver los éxitos de su hijo.

Semanas después de que Oscar cumpliera once años, Ramiro llamó para decir que lo habían detenido en una redada y lo iban a deportar. Oscar no sabía qué quería decir "deportar". Esperaba que no doliera, pero le agradó si significaba que con eso su papá volvería a casa. Cuando Ramiro regresó con su familia en Tomosachic, explicó que los agentes de inmigración llegaron en grupo a la empacadora de papas; Ramiro se escondió tras un montón de cajas de cartón, pero uno de sus zapatos asomó la punta. Los agentes lo vieron y lo mandaron de regreso a México.

–Es que tengo los pies demasiado grandes —bromeó con Oscar.

Oscar no entendió qué hizo mal su papá. ¿Tener pies grandes era un delito en Estados Unidos? De cualquier manera, estaba feliz de que esos "agentes" extranjeros le hubieran devuelto a su padre. Era fantástico tenerlo en casa de nuevo. Su mamá dejó de tener miedo y todo parecía magnífico. Su papá ahorró mil dólares y se puso a reparar las goteras con hojas de metal galvanizado. También le compró a Oscar una flamante bicicleta roja.

Para Oscar, la vida volvió a la normalidad, pero Ramiro no estaba contento. Podía ganar más en una hora en la planta procesadora de papas de Idaho, que en un día completo en Temosachic. La lógica económica era difícil de ignorar. Luego de sólo dos semanas en casa, anunció que regresaría a Estados Unidos. Como esta vez ya no había cerdos, vendió su mula a un vecino. Oscar le rogó que no lo hiciera, pero Ramiro necesitaba el dinero. Llevó sus dos caballos a una fábrica de salchichas cercana y obtuvo una buena suma por ellos. Oscar se sintió desconsolado y rompió a llorar al enterarse de la noticia.

Ramiro llevó aparte a su hijo y le dio otra noticia terrible: ya no habría pagos mensuales desde Estados Unidos. Su papá iba a ahorrar lo más posible para llevar al norte a toda la familia. Ya no quería que estuvieran separados, y la vida era mejor al otro lado de la frontera.

–Será un largo, largo viaje en carro —le dijo.

Sabía que Oscar se mareaba fácilmente en los camiones, y quería que comprendiera que aquél sería un desafío. Casi todos en su pequeño pueblo habían viajado a Estados Unidos. Era un tácito rito de iniciación, y el turno de Oscar había llegado.

A principios de enero de 1998, el chico abordó un autobús con su madre. Su hermana se enamoró de un vecino e insistió en quedarse;

su hermano llegaría más tarde. El autobús viajó al norte por el desierto sobre la autopista 17, hasta llegar a Agua Prieta; polvorienta ciudad fronteriza al otro lado de Douglas, Arizona. Un pariente mayor los recibió ahí y les dijo que se prepararan para cruzar al día siguiente.

Oscar imaginó que iban a vérselas con un criminal canoso; no obstante, a la mañana siguiente, el primo les presentó a dos bellas mujeres, quienes les entregaron tarjetas verdes (permisos de residencia y trabajo) a Oscar y su madre; pertenecían a personas vagamente parecidas a ellos. Horas después, todos llegaron a la caseta fronteriza, y un agente les marcó el alto. Oscar mostró su tarjeta y sonrió. Aquel sujeto iba vestido de verde, y dijo una larga palabra que Oscar no entendió. Luego les hizo la señal de que pasaran.

Se detuvieron en Circle K, una tienda de conveniencia, a las afueras de Phoenix. Estaba junto al paso a desnivel de una carretera que deslumbró a Oscar. A un chico de once años acostumbrado a caminos de terracería le pareció hermoso. Le maravillaron las grandes vías de acceso, hechas de concreto, que conducían a la autopista. El puente mismo parecía una imposibilidad. Estaba oscureciendo y olía a naranja. Una casa se alzaba junto a la tienda; un aspersor regaba el verdísimo prado del jardín. Era obvio que se trataba de un país en el que todo era posible. Oscar confió en poder vivir algún día en una casa como ésa, con un hermoso prado y vista a un paso a desnivel extraordinario.

Oscar quería explorar el paso a desnivel, pero entonces llegó su papá, quien lo envolvió en un abrazo. Ramiro miró con detenimiento a su hijo, y luego le dio unas gomitas sabor naranja en forma de oso para mantenerlo ocupado mientras conversaba con las señoras frente a Circle K. Las señoras hablaban en voz muy baja. Un momento después, Ramiro les entregó un sobre con dos mil dólares en efectivo y se fueron.

El primer hogar de Oscar en Estados Unidos no se parecía a la casa bonita con jardín y vista al paso a desnivel. Era un departamento de una recámara con pintura descascarada, un patio de tierra lleno de basura y vecinos que oían música estruendosa toda la noche. Tendría unos cuarenta y cinco metros cuadrados, pero debían compartirlo con otra familia. Los Vazquez ocupaban la sala, y la otra familia la recámara.

Los padres de Oscar lo inscribieron en la Isaac Middle School; pero, al igual que otros inmigrantes antes que él, Oscar no hablaba el idioma. Le daba la impresión de que los maestros decían una palabra larga tras otra. Él guardaba silencio y decía "Hiir" cuando mencionaban su nombre.

En pocas semanas era capaz de llegar a tiempo a los salones indicados, aunque ésa fue una victoria efímera. Su hermana, Luz, se negaba a reunirse con ellos en Phoenix, y la angustia de su madre volvió a aflorar. Manuela sabía que los tíos y primos de Luz la cuidarían, pero no soportaba estar separada de ella. Cayó en otra depresión; dejó de comer y se desanimaba cada vez más. Un día, después de clases, el papá de Oscar le dijo que el experimento familiar de vivir en el extranjero había terminado; Ramiro se quedaría en Phoenix, pero Oscar y Manuela regresarían a México.

Oscar lloró durante todo el camino a la frontera, y se mareó en el trayecto. No es que quisiera quedarse en Estados Unidos; quería quedarse en algún lado. Sin embargo, el ánimo de su madre mejoraba conforme se acercaban a la frontera.

—¡Ahí está México! —dijo ella, expectante, señalando una nube que flotaba a lo lejos en el desierto.

Oscar continuó llorando y no paró hasta que cruzaron hacia Agua Prieta donde su mamá le compró unas papas fritas. Él devoró la botana, metiéndola tan rápido en su boca que ya no quedó lugar para sollozos.

Oscar se readaptó a su vida en el campo, pero no olvidaba ese paso a desnivel. Ahora que sabía que existían cosas así, Temosachic le parecía pequeño. Sabía que tendría que trabajar mucho si quería hacer algo más que cultivar la tierra. Se puso entonces a ayudar a las señoras del pueblo a cargar sus mercancías, y mataba sus pollos cuando querían caldo. A cambio, ellas le daban unos pesos. Se inscribió en la secundaria y, gracias a sus logros escolares previos, obtuvo una beca del gobierno. Ésta le concedía dinero para su uniforme, libros y útiles escolares.

Ocho meses después de que regresaron, los hermanos de Manuela invitaron a la familia a Matachic, pueblo a quince kilómetros de distancia. Era octubre y el pueblo celebraba su feria anual. Luz no quiso ir; en lugar de ello, se ofreció a limpiar la casa. Parecía extraño que prefiriera perderse la fiesta, pero era una adolescente impredecible. La familia se alzó de hombros y decidió ir sin ella.

A Oscar le encantó la feria, con una pequeña rueda de la fortuna, coches chocones y el juego de las tazas. Sus tíos eran expertos en tirar los aros, y no dejaban de ganar patas de conejo, que le regalaban a Manuela para la buena suerte. Parecían creer que la necesitaba. Después de todo, la familia acababa de despilfarrar dos mil dólares duramente ganados en su desafortunado viaje a Phoenix.

Las patas de conejo obraron una magia extraña. Cuando la familia volvió, la casa lucía impecable, pero Luz no estaba. Manuela se aterró, y le pidió a Pedro que fuera a buscarla. En vez de eso, el muchacho fue a la plaza y decidió ponerse a jugar basquetbol. En Temosachic era un secreto a voces que Luz se había escapado con su novio. Hasta Oscar lo sabía.

–Creo que sí sirvieron las patas de conejo —dijo Oscar a su madre.

–¿Por qué dices eso? —preguntó ella bruscamente. Su hija había desaparecido; no veía la buena suerte en eso.

–Luz se casó con Luis —dijo él sin rodeos—. Ella ya no es tu problema. Además, eso significa un plato extra de comida para mí.

Manuela rompió a llorar. Seguía llorando cuando Luz regresó con su esposo una semana más tarde. Luz estaba radiante. Así eran las cosas: los hijos crecían, se casaban e iniciaban su propia vida. Pedro tenía ya casi veinte años y también podía cuidarse solo. No hubo dinero suficiente para enviarlo a la preparatoria, así que se mantenía haciendo trabajos ocasionales. Oscar era ya la única preocupación de Manuela, tenía doce años y era uno de los alumnos más brillantes de la región.

Manuela dudaba de volver a Estados Unidos, pero sentía que allá había más oportunidades para su hijo menor. En México, las escuelas del gobierno cobraban colegiaturas; y aunque las cuotas eran reducidas, a veces era difícil pagarlas. En Estados Unidos la escuela era gratis, y ella suponía que allá los maestros eran más exigentes. Aquí, Oscar terminaba pronto sus tareas escolares y luego tenía poco que hacer. Sus maestros le dejaban a veces tareas especiales, pero no eran muy difíciles. Aunque Ramiro sólo había llegado a tercero de primaria y Manuela a sexto, ella pensaba que la escuela era importante. Iba a darle a Oscar la oportunidad de una vida mejor.

Pero Oscar no quería regresar. Ya lo habían intentado una vez y no había funcionado. A él le fascinaba contemplar las carreteras y los grandes edificios de Arizona, pero no hablaba el idioma, vivían en un departamento atestado, su mamá estaba deprimida y la comida sabía a cartón. Le dijo a su madre que le iría bien en México.

Ella no estuvo de acuerdo, y le ordenó empacar una bolsita de ropa.

—No importa lo inteligente que seas; en México no vas a salir adelante —le dijo.

El 12 de diciembre de 1998, usaron lo que quedaba de la beca de Oscar para comprar los boletos a Agua Prieta. Manuela supuso que cruzarían tan fácilmente como la vez pasada. Pero las bellas señoras que los habían llevado al otro lado fueron arrestadas, y estaban en la cárcel. Tendrían que contratar nuevos "coyotes".

Tres amigos de Ramiro disponían de tarjetas verdes y aceptaron hacerse cargo del cruce, mientras él los esperaba en Phoenix. Se reunieron con Manuela y Oscar en una placita, en Agua Prieta. A él, esto no le gustó: le dijo a su mamá que quería regresar a Temosachic. Quería estar con su hermana y su cuñado. No quería cruzar.

Manuela dijo que no una y otra vez. Oscar pensó en hacer un berrinche y llorar, pero tenía doce años; ya no era un niño, y no podía usar ese recurso. Aun así, estuvo a punto de ponerse a gritar.

–Si eres valiente, te compraré eso al otro lado —dijo Manuela, apuntando hacia el otro extremo de la plaza.

Un niño jugaba con un auto a control remoto, que atravesaba el parque a toda velocidad y giraba en círculos. Era la primera vez que Oscar veía algo así. No entendía cómo era que el auto funcionaba solo y el niño lo controlaba sin cables. Parecía magia, y él decidió que tal vez sí valía la pena cruzar la frontera, pese a todas las dificultades, si eso era lo que le esperaba en el otro lado.

Los amigos de Ramiro tenían auto, pero no querían arriesgarse a pasar a nadie de contrabando, así que se pusieron a dar vueltas en busca de ayuda. Tras detenerse en varios lugares un tanto imprecisos —un taller de hojalatería, una tienda de llantas—, por fin encontraron a dos sujetos dispuestos a colaborar. Ellos dijeron ser coyotes —traficantes que llevaban a la gente al otro lado atravesando el desierto a pie—, aunque más bien parecían adictos. Uno era flaco y tenía los ojos rojos; el otro era tan gordo que parecía incapaz de recorrer distancias largas. Ambos aceptaron guiar a madre e hijo a Estados Unidos, a cambio de que se les pagara por adelantado.

Los amigos de Ramiro dejaron a los cuatro en un punto a las afueras de Agua Prieta en el que la cerca fronteriza dejaba de ser una ominosa pared de seis metros de alto para convertirse en una alambrada no tan intimidante. En la intersección de ambas vallas, la alambrada había sido forzada y tenía un agujero de casi dos metros. Los amigos de Ramiro se marcharon y los coyotes explicaron las reglas: mantenerse de pie, esconderse al ver camionetas de la *migra* y por ningún motivo identificarlos a ellos como coyotes si los atrapaban.

El tipo gordo miraba lascivamente a Manuela. Oscar sintió una punzada de pánico. Estaban solos en el ilimitado desierto, él y su madre, con dos sujetos de dudosa reputación a los que tenían una hora de haber conocido. Oscar sabía que no podría pelear con ellos si atacaban a su madre, aunque él era bueno para lanzar piedras, y tenía excelente puntería. Mientras se acercaban a la alambrada, él buscaba piedras buenas en el suelo. Estaba tenso, listo para atacar en cualquier momento.

Saltaron por el agujero y marcharon penosamente hacia el norte. El sol se estaba poniendo, y el coyote flaco se echó a correr. Manuela llevaba zapatos con algo de tacón, lo que dificultaba su avance por terreno disparejo. El coyote gordo, jadeando por el esfuerzo, se mantenía cerca de ella. Oscar no se despegaba de su madre. Tenía miedo de que lo atraparan y lo llevaran a la cárcel, o de que, peor aún, se la llevaran y él se quedara solo, sin saber qué hacer. Ni siquiera sabía a dónde los llevaban los coyotes. ¿Y si los perdían a propósito, internándolos tanto en el desierto que nadie pudiera ayudarlos?

Ya había oscurecido y el suelo apenas se veía. La luna estaba en cuarto creciente y había nubes ralas. A Oscar le preocupaba pisar una serpiente o un escorpión. El frío empezaba también. La temperatura había bajado hasta quince grados durante el día, pero se desplomó en cuanto se ocultó el sol. Oscar nunca había estado tan asustado.

Después de lo que parecieron horas, llegaron al lecho de un arroyo. Una treintena de metros más allá, una cámara de inmigración giraba en un poste, pero ellos la esquivaron con cuidado, permaneciendo siempre en su lado ciego hasta llegar a la ribera opuesta, a un campo extenso con hierba que les llegaba hasta las rodillas y atravesado por un camino de terracería. El coyote flaco señaló a la distancia unos grandes edificios color café. Dijo que ése era su destino. Quería apresurarse, pero su amigo regordete no lograba recuperar el aliento, y le rogó que fuera más despacio.

Estaban a unos veinte metros de la avenida cuando el coyote flaco silbó para que se agacharan. Una camioneta de la Border Patrol avanzaba hacia ellos por el camino de terracería. Tenía una celda cerrada en la parte de atrás, para los migrantes capturados, pero el coyote gordo estaba demasiado agotado para hacer otra cosa que apoyarse en una rodilla. Su cabeza asomaba sobre la hierba seca como un muñeco de resorte, y se negó a tirarse al suelo, dijeran lo que dijeran. Cuando la camioneta pasó por ahí, vieron claramente que el agente los miraba, pero no se detuvo.

—Debe haber ido lleno —dijo el coyote flaco—. Aunque tal vez llamó para pedir apoyo.

Si querían llegar a su destino, tenían que atravesar corriendo el último tramo hasta los edificios grandes.

Echaron a correr, dejando atrás al coyote gordo. Después de lo que a Oscar le pareció una carrera interminable, llegaron a la parte trasera de uno de los edificios. El coyote flaco les dijo que ya había cumplido su misión. Les dio instrucciones de dar la vuelta para llegar al frente y entrar; ahí iban a recogerlos. Y luego desapareció en la oscuridad.

Manuela y Oscar rodearon cautelosamente el edificio y llegaron a unas luces brillantes que resplandecían en la banqueta. Vieron muchos carritos de compras, grises y azules, y un inmenso letrero luminoso arriba de la entrada que decía WAL*MART. Oscar no tenía idea de qué era eso.

Se aventuraron dentro de la tienda y esperaron en la sección de jardinería. Entre la relativa seguridad de rastrillos, palas y macetas con plantas, Oscar se sintió menos expuesto. El olor a humedad de la tierra de las macetas le resultó reconfortante, y se dio cuenta de que estaba exhausto.

—Hemos de haber corrido varias horas —le dijo a su mamá.

Manuela rio.

—¿De qué hablas? ¡Si hace apenas veinte minutos que salimos de México!

Oscar no lo podía creer.

—Pero...

Manuela lo hizo callar. Le preocupaba llamar la atención si alguien los oía hablar español. De todas formas, Oscar estaba demasiado sorprendido para decir más. La noche parecía interminable. Una hora después, los amigos de Ramiro llegaron a la sección de jardinería; era el lugar previsto para recogerlos. Oscar los siguió a un flamante Lincoln que olía a plástico y a piel. Cayó dormido tan pronto como se subió.

Un olor a hamburguesas lo despertó un instante. Alguien pasaba bolsas de comida por la ventana del Lincoln; estaban en el área de servicio en auto de un Jack in the Box. Había un refresco de naranja y papas fritas. Oscar no había comido nada en veinticuatro horas; tantas emociones y el viaje le causaron náuseas. Ansiaba comer una hamburguesa, pero no estaba seguro de poder retenerla. Su mamá le dijo que siguiera durmiendo; ella le guardaría su hamburguesa.

Llegaron a una casa con un jardín enorme cubierto de hierba. Oscar se asombró. No era como el tiradero donde vivieron. Este lugar se parecía a la casa que vio en su primer viaje, aquélla con la que había soñado vivir un día.

La casa era de una familia de cinco. Los Vazquez la compartían con ellos, y Oscar recuerda, como entre sueños, caras de adultos y niños mientras su madre lo llevaba a acostar a una recámara. Cuando despertó, tenía un hambre voraz, y se atrevió a salir del cuarto a buscar su hamburguesa. Lo único que encontró fueron las envolturas. Su mamá se había dormido, y los niños de la casa devoraron su porción. Oscar quedó prendado para siempre de Jack in the Box. Lo llama "el primer restaurante en el que no comí".

Oscar volvió a la Isaac Middle School un año después de su partida. Esta vez sí se puso a aprender inglés, aunque eso no le ayudó a hacer amigos. Para muchos, él era una presencia en la que no era posible confiar, porque volvería a desaparecer. Así, cuando los maestros preguntaron quién quería participar en una feria de ciencias, él alzó la mano. Si nadie iba a hablarle, buscaría la manera de entretenerse.

Como había crecido en una región de cultivo de frijol en México, decidió estudiar cómo influían la luz y la humedad en la germinación de esa semilla. Usó un pequeño espacio en casa para hacer el experimento, y anotó meticulosamente en un cuaderno todas las variables. Asombró a sus maestros. Apenas un año antes, no sabía inglés. Ahora entregaba un informe preciso en inglés, exhaustivamente documentado, sobre germinados de frijol. Su reporte obtuvo un premio de doscientos dólares en la feria de ciencias del condado.

En octavo grado se le seleccionó para hacer un viaje de estudios a la Arizona State University, junto con un pequeño grupo de estudiantes. Allá les enseñaron las instalaciones deportivas y los laboratorios de ciencias. Vieron a universitarios en bicicleta. A Oscar todo eso le pareció nuevo, grande y mágico. No dijo nada, pero empezó a soñar con asistir a la universidad. No dijo nada porque tal cosa parecía imposible. No tenía idea de lo que tenía que hacer para llegar ahí.

Para sus padres, su graduación de la secundaria fue un triunfo. Era una señal de que su hijo estaba destinado a realizar grandes cosas. Oscar fue enviado a Carl Hayden, donde apareció como alumno de nuevo ingreso sin lugar alguno en la jerarquía social. Como no quería sentirse tan perdido, se probó en el equipo de futbol americano. Parecía lo indicado, pero, por desgracia, desconocía ese deporte y se le eliminó sumariamente. Intentó entonces jugar futbol soccer, pero el entrenador lo mandaba repetidamente a la banca, por jugar rudo. Al parecer, el tipo de juego al que estaba acostumbrado en México no se estilaba en Estados Unidos. Parecía que nadie lo quería.

Durante las pruebas de futbol americano, vio que un grupo de estudiantes daba vueltas a la cancha con camisetas de camuflaje del desierto. Se movían en perfecta formación, como si fueran una sola entidad. Mientras los futbolistas corrían cinco o seis veces por las tribunas y se colapsaban en montón al llegar abajo, los estudiantes camuflados lo hacían docenas de veces y no parecían cansarse. Cuando llegaban abajo, iniciaban al instante una ronda tras otra de lagartijas. Era como si se burlaran del excesivo tamaño y relleno de los futbolistas. Oscar indagó por ahí y se enteró de que esos muchachos pertenecían al Reserve Officers' Training Corps (ROTC). Los cadetes del ROTC aprendían a disparar armas, sobrevivir en la selva y descender en rappel por precipicios. Les daban uniformes y tenían rangos. A los ojos de Oscar, de entonces trece años de edad, parecían héroes.

Se inscribió pronto en ese cuerpo y recibió su uniforme verde. Los cadetes tenían que usarlo los jueves; a los futbolistas les gustaba llamarlos "pepinillos". El mayor Glenn Goins, instructor del grupo, enseñaba a sus pupilos a aceptar estoicamente esas burlas, y les recordaba que la mejor defensa era confirmar que pudieran correr, trepar, disparar y pensar mejor que cualquiera de sus agresores.

Goins y los cadetes recibieron bien a Oscar en el grupo. La misión del programa era "inspirar a los jóvenes a ser mejores ciudadanos"; y aunque quizá la mayoría de esos cadetes no eran ciudadanos estadunidenses, Goins era una persona de amplio criterio. Para él, el poema de Emma Lazarus al pie de la Estatua de la Libertad resumía una de las cosas que hacían grande a Estados Unidos:

DADME A VUESTROS RENDIDOS, A VUESTROS POBRES
VUESTRAS MASAS HACINADAS ANHELANDO RESPIRAR EN LIBERTAD
EL DESAMPARADO DESECHO DE VUESTRAS REBOSANTES PLAYAS
ENVIADME A ÉSTOS, LOS DESAMPARADOS,
SACUDIDOS POR LAS TEMPESTADES
¡YO ELEVO MI FARO JUNTO A LA PUERTA DORADA!

Goins no estaba dispuesto a rechazar a nadie. Los chicos estaban ahí; él pensaba que lo mejor que podía hacer era enseñarles acerca de Estados Unidos. Ningún otro grupo aceptó a Oscar, así que cuando se puso su "uniforme de servicio", sintió un orgullo al que no estaba acostumbrado. Era estupendo pertenecer a algo.

En su primer año, el ROTC hizo pasar a Oscar de un chico flaco de cincuenta y dos kilos de peso a una dínamo de sesenta y tres. Al principio, apenas si podía hacer unas cuantas largatijas y sus abdominales eran risibles. En tercer año, ya podía hacer setenta y seis lagartijas en un minuto, y hacer una serie tras otra de levantamientos en barra. Se le nombró, además, comandante del Adventure Training Team, el más entusiasta grupo de cadetes. Sus integrantes competían en carreras a campo traviesa en las que debían cargar montaña arriba dieciocho kilos de agua y correr con mochilas llenas de arena. Bajo la conducción de Oscar, el equipo comenzó a vencer a escuelas mucho más grandes en programas del ROTC.

A diferencia de otras labores escolares, que a menudo parecían desligadas de la vida, el ROTC se sentía real. Cuando Goins explicó cómo aplicar un torniquete, contó la historia de un amigo suyo al que le dispararon en la pierna y pudo seguir volando su helicóptero gracias a que se autoaplicó un torniquete. Goins fue piloto de helicópteros de ataque en la guerra de Vietnam, e infundía en su curso un profundo sentido de moralidad. En una ocasión en que inmigrantes como Oscar fueron llamados "extranjeros ilegales", Goins enseñó a sus alumnos que la Declaración de Independencia consagraba los "derechos inalienables" de todos, no sólo de los ciudadanos estadunidenses.

–Fue la cosa más impresionante y maravillosa que hubiera oído en mi vida —dice Oscar.

Goins sentía que todos estaban llamados a servir de alguna manera a la comunidad. Por eso él se alistó en el ejército, y por eso seguía dando clases en Carl Hayden, luego de retirarse de la milicia. Pero sabía que muchos de sus pupilos no podrían entrar al ejército. Desde la guerra de Vietnam, los inmigrantes con tarjeta verde tenían permitido alistarse. Pero los estudiantes que cruzaron ilegalmente la frontera seguían siendo ciudadanos de su país de origen, y no podían enrolarse.

Oscar no sabía eso. Creía su deber retribuir a Estados Unidos lo mucho que le había dado. Recibía una educación gratuita y su familia podía permitirse una casa sin goteras. El país había sido bueno con él, y quería mostrar su gratitud. Aunque sólo llevaba dos años ahí, se concebía ya como estadunidense. En particular después del 11 de septiembre de 2001, se sentía obligado a defender, e incluso a morir por el país que era su nuevo hogar.

Poco después del 11 de septiembre, buscó al mayor Goins.

—Quiero alistarme, señor —le dijo, pese a que apenas tenía catorce años.

Goins detestaba esta parte de su trabajo. Calculaba que ochenta y cinco por ciento de sus pupilos había cruzado ilegalmente la frontera, o tenía una visa vencida, y aunque decía explícitamente a sus alumnos que no los reclutaba para el ejército, era inevitable que muchos quisieran alistarse.

—¿Tienes tarjeta verde, hijo? —preguntó Goins.

—No, señor —respondió Oscar, aún de ojos brillantes e inocentes.

Goins lo miró con pesar. En sus diecinueve años como comandante del ROTC, nunca había tenido un discípulo tan bueno como Oscar. Él personificaba todo lo que el ejército quería: liderazgo, inteligencia, confiabilidad, integridad, tacto, desinterés y perseverancia. Era el cadete consumado en todos los sentidos, salvo que no reunía los requisitos para alistarse.

—Oscar lo tenía todo —recuerda Goins—. Lo único malo estaba en que no era ciudadano estadunidense.

"Hubo un tiempo en que eso no importaba", añade, recordando la segunda guerra mundial y la guerra de Vietnam, cuando se permitió a canadienses sumarse al ejército estadunidense. "Pero ya no es así. Ahora tienes que ser ciudadano estadunidense, o residente permanente en el país."

Oscar sintió como si le sacaran el aire. No supo qué decir. Miró un momento a Goins, pero luego reaccionó. Eso era sólo un obstáculo, nada más, y la misión de un cadete era vencer todos los obstáculos. Entre mayor era el impedimento, más oportunidad tenía el soldado de demostrar su temple.

—Gracias, señor —dijo Oscar, ya recuperado del golpe del desaliento.

Mientras se alejaba, decidió que sólo había una solución: ser el mejor cadete que hubiera existido en el programa. "Tal vez algo cambie si muestro mi valor", pensó.

Cuando estaba en tercer año, su batallón fue a Fort Huachucha, base militar de cuarenta y cuatro hectáreas cerca de la frontera con México. Soldados en activo hicieron correr a los adolescentes por la pista de obstáculos del campamento y les dieron enigmas por resolver. Oscar lo entregó todo, y esperaba que sus compañeros de equipo siguieran su ejemplo. En la pista de obstáculos, los arrastraba por las paredes y tomaba su carga si no podían con ella. Parecía estar en todos lados al mismo tiempo, exhortando a sus compañeros, subiendo cuerdas a toda velocidad y librando apresuradamente el alambre de púas colgado a baja altura.

Causó buena impresión. Goins lo ascendió a mayor de cadetes, convirtiéndolo así en el segundo al mando del batallón. Ahora era responsable de planear eventos, coordinar a los estudiantes y enseñar lo básico a los jóvenes cadetes. También comandaba el Adventure Training Team, que bajo su liderazgo se volvió una unidad de elite dentro del batallón. No bastaba con vencer los retos físicos del equipo; Oscar hacía con su brigada ejercicios de instrucción después de clases y los fines de semana. Mucho después de que el equipo de futbol se había ido a casa, ellos corrían por West Phoenix. Sábados y domingos, el equipo exploraba las montañas alrededor de Phoenix, escalando peñascos y vadeando ríos. Al llegar a una cumbre, Oscar dirigía una ronda de lagartijas.

Goins impartía un curso de civismo, y exigía a sus alumnos estudiar el preámbulo de la Constitución. Mientras que otros se limitaban a leerlo, Oscar lo aprendió de memoria y lo recitaba a quien se lo pidiera. Para él, no había ninguna ironía cuando decía: "Nosotros, el pueblo de Estados Unidos". Esto era una realidad. Él estaba por llegar a la mayoría de edad en Arizona, y su formación escolar lo preparaba para ser un miembro productivo de la sociedad estadunidense.

Al final de su tercer año, Goins otorgó a Oscar el trofeo de Oficial del Año del Junior Reserve Officer Training Corps. Oscar se puso su uniforme verde para la ceremonia. Portaba una fila tras otra de galones, en representación de todas las medallas que había ganado. El silbato de segundo oficial al mando y el cordón negro del Adventure Training colgaban de su hombro izquierdo. Una placa sobre su bolsillo derecho decía VAZQUEZ. El trofeo representaba la figura de un cadete dorado en posición de firmes, y Oscar lo recibió radiante, como se aprecia en una foto con el mayor Goins. Fue uno de sus momentos de mayor orgullo.

Pero no fue suficiente. Otros dos cadetes sí tenían tarjeta verde y se alistaron al final de su tercer año. Oscar los vio partir ese verano a la instrucción básica, mientras él se quedaba en casa, en Phoenix, trabajando con su padre en una fábrica de colchones. Ése fue un recordatorio elocuente de que nada cambiaría el hecho de que una noche su madre lo llevó al otro lado de la frontera sin tener visa.

Al comenzar su último año de preparatoria, Oscar se percató de que debía encontrar algo que hacer. No había trabajado tanto para terminar en una fábrica de colchones como su papá. Ramiro y Manuela llevaron a la familia a Arizona para darle a él la oportunidad de lograr más que ellos. El problema era que ahora Oscar no sabía qué hacer. Así, cuando entró al salón de ciencias marinas de Fredi Lajvardi, en octubre de 2003, estaba listo para nuevas ideas.

Fredi Lajvardi sabía cómo se sentía Oscar. Como muchos de sus alumnos en Carl Hayden, también él llegó a Estados Unidos siendo niño. Nació en Teherán, Irán, en 1965. Fue hijo de un exitoso oftalmólogo y una pediatra insigne que querían mejores oportunidades profesionales para ellos y sus hijos. Sus padres —Reza y Tooran— tuvieron que volver a hacer su internado médico en Estados Unidos para poder ejercer su profesión, así que se mudaron a Cleveland, Ohio, en 1966, cuando

Fredi tenía apenas un año. Su hermano, Alladin, nació en Cleveland, lo que le concedió automáticamente la ciudadanía estadunidense, algo que Fredi no recibiría hasta 1984, cuando tenía ya diecinueve años.

Reza y Tooran consiguieron empleo en el St. Joseph's Hospital de Phoenix en 1969. La familia se mudó a un departamento cerca del hospital, en el norte, y Fredi inició sus estudios en la Candy Cane Elementary. Aunque sus papás hablaban farsi entre sí, se comunicaban en inglés con sus hijos. El énfasis estaba en la asimilación.

Cuando Fredi cumplió ocho años, sus padres anunciaron que volverían a Teherán. De repente, Fredi se vio en una escuela internacional en Irán. La mitad del día hablaba inglés, pero la otra mitad farsi. No dominaba el idioma, ni lo entendía en gran parte. Las matemáticas le eran particularmente difíciles, porque los iraníes usan una notación distinta para expresar números. Sus compañeros se reían de él porque, a sus ocho años, no podía resolver 1 + 1. Y no porque no supiera matemáticas, sino porque no podía hacerlas en el idioma de ellos. El primer mes, llegaba llorando a casa todos los días.

Fredi sentía que debía conocer Irán, pero no quería. Le fascinaban los bazares, los cuales le parecían muy exóticos, con los aromas punzantes y extraños de las tiendas de alfombras y pieles. La casa dúplex de la familia en Teherán —con mármol en las paredes y en la fachada— parecía igualmente extraña. Él nunca se adaptó por completo, y luego de pasar sólo un año en Irán, la familia decidió regresar a Phoenix.

Para Fredi, Phoenix era su hogar. Cuando tenía diez años, los Lajvardi se mudaron a una casa modernista, de cuatrocientos treinta metros cuadrados, diseñada por Paul Yeager, acólito de Frank Lloyd Wright. Autobuses con aficionados a la arquitectura pasaban ante la casa, mientras Fredi y su hermano saludaban desde el balcón. Él sentía que su familia pertenecía a Arizona y era respetada. Después de todo, sus papás eran doctores, y la expectativa era que él también se dedicara a la medicina. Su futuro parecía decidido.

Pero entonces estalló la revolución en Irán. Tras la invasión de la embajada de Estados Unidos, sesenta y seis estadunidenses fueron tomados como rehenes. Fredi acababa de comenzar la secundaria en Camelback High. Chicos que nunca se habían fijado en él ahora lo identificaban como iraní, y empezaron a fastidiarlo. En algunos restaurantes en Phoenix había letreros que decían PROHIBIDA LA ENTRADA A IRANÍES. En toda la nación, los iraníes eran detectados y agredidos.

Al prolongarse la crisis de los rehenes, el antagonismo aumentó. Un día, después de un entrenamiento de campo traviesa durante su segundo año, Fredi marchó a casa en su bici. Al salir del estacionamiento de la escuela, un camión lleno de adolescentes rugió y empezó a gritar: "¡Maldito iraní!". El chofer viró contra Fredi, obligándolo a subirse a la banqueta. Él salió volando y aterrizó en el pavimento, mientras los adolescentes bajaban en tropel y lo rodeaban. Lo patearon hasta que otros miembros del equipo de campo traviesa echaron a correr en su dirección. Los atacantes huyeron, dejando a Fredi encogido en el suelo.

Cuando llegó a casa, les dijo a sus papás que se había caído de la bicicleta. Tenía miedo de que lo sacaran del equipo de campo traviesa si sabían la verdad. Parte de su mecanismo de defensa era concentrarse en correr, y no quería perder eso. Convirtió su frustración en velocidad, y cada año participaba en el campeonato de 5 kilómetros.

Su otra válvula de escape era armar cosas. En octavo grado hizo un aerodeslizador con hojas de cuaderno y madera balsa. Propulsado por un motor eléctrico, el artefacto podía atravesar una mesa. Hizo una demostración en una feria regional de ciencias, y llamó la atención de Ann Justus, maestra de ciencias en Camelback, quien había crecido en Texas.

—Buen trabajo —le dijo con acento texano—. Te voy a inscribir en mi seminario.

Fue como si se le hubiera permitido entrar a un club secreto. Era tan secreto que él no supo a qué se refería la profesora. Pero cuando llegó a la preparatoria, vio que estaba inscrito en un curso llamado

Seminario de ciencias, impartido por Justus. Al buscar el salón, descubrió que el informal curso de Justus se dedicaba a construir cosas.

Animado por ella, Fredi se obsesionó con su aerodeslizador. Cada año mejoraba el diseño inicial, haciendo vehículos más grandes y ambiciosos. A diferencia de otros alumnos, que presentaban proyectos nuevos en la feria anual de ciencias, Fredi seguía presentando su aerodeslizador, y cada año ganaba el primer lugar en la Central Arizona Regional Science and Engineering Fair. Lo que empezó como un objeto del tamaño de un tostador se convirtió para 1983, su último año de preparatoria, en un aparato de doscientos setenta kilogramos de peso, asiento y motor de gasolina. Operaba con un motor de motonieve reacondicionado, de sesenta caballos de fuerza, y podía alcanzar velocidades de cuarenta kilómetros por hora.

El noticiario local se enteró del niño prodigio de Camelback, y mandó a cubrir el caso a Jerry Foster, un reportero pionero de las noticias en helicóptero. Foster hizo aterrizar su Bell 206 JetRanger en el campo de futbol de Camelback, lo que convirtió a Fredi al instante en una celebridad en el campus. Aunque su aerodeslizador parecía una deprimente balsa salvavidas de color naranja con un enorme ventilador blanco montado al frente, funcionaba. Fredi pintó DOS EQUIS a un lado, y conducía desde atrás portando unos inmensos anteojos de laboratorio de plástico transparente.

—De haber querido, probablemente ese día habría podido tener tres novias —dice. Pero lo cierto es que parecía un superfriki y no tenía novia.

Sus papás no tenían muy buena opinión de su "juguete". Para ellos, era sólo una distracción de sus tareas escolares. Ensamblar vehículos inútiles no lo haría progresar en la vida, alegaban. Obtener un título como médico, sí.

Cuando inició sus estudios superiores en la Arizona State University (ASU), se inscribió en el curso propedéutico de medicina, pero se descubrió regresando sin cesar al seminario de ciencias de Justus en Camelback High. Después de clases, pasaba a visitar a su antigua maestra, y a ayudar a los jóvenes alumnos a desarrollar sus proyectos. Esto era mucho más interesante que las áridas clases a las que asistía, y más que la memorización aparentemente absurda que se le exigía.

En Camelback, Justus lo veía trabajar con los estudiantes, y se llevó una fuerte impresión. Cuando se trataba de ayudarlos a armar cosas, él rebosaba entusiasmo y poseía una habilidad natural para emocionarlos también. Si un chico quería saber si el tamaño de una pecera afectaba el crecimiento de los peces, Fredi estaba dispuesto a rastrear con él un sinfín de peceras. ¿Le interesaban los hologramas? Fredi tenía sugerencias sobre ondas de rayo láser. ¿Una parrilla que funcionara con energía solar? Fredi la consideraba una gran idea.

Aún cursaba su primer año en la ASU cuando, en una de sus visitas a su salón, Justus lo llevó aparte.

–¿Sabes qué? Estás perdiendo el tiempo en esa cosa propedéutica —le dijo—. Estás destinado a ser maestro.

Fredi se rio. Aquélla parecía una sugerencia ridícula. Él iba a dedicarse a la medicina deportiva. Combinaría así su interés en correr con lo que sus padres esperaban de él. Sería grandioso.

Pero en segundo año, sencillamente ya no podía concentrarse en sus clases de ciencias en la universidad. Las sentía totalmente desligadas de la realidad. Decidió que quizá la arquitectura sería más práctica, así que abandonó el curso propedéutico de medicina. Para entrar a arquitectura tenía que tomar varios cursos y presentar después una solicitud. Durante los dos años siguientes, Fredi se abrió paso por sus trabajos escolares y presentó su solicitud. No era un estudiante de excelencia, pero supuso que su entusiasmo inclinaría la balanza. Después de todo, la arquitectura parecía el ajuste perfecto para él, una mezcla de ciencia y construcción.

Pero el rechazo de su solicitud lo tomó por sorpresa. La escuela de arquitectura no se interesaba en él. Tal rechazo fue doblemente penoso, porque Ali, su hermano menor, era un as académico que acababa de graduarse en Camelback, donde pronunció el discurso de despedida. Se le destinó entonces al curso propedéutico de medicina de la University of California, en San Diego, y posteriormente obtendría su título de medicina en Johns Hopkins, especializándose en radiología vascular y de intervención. Él sí parecía estar cumpliendo las expectativas de la familia.

Fredi, por su parte, pasaba su tiempo libre en el taller de Justus, con adolescentes que hacían artefactos extraños, y a menudo inútiles. Su madre lo alentó a dedicar más tiempo a sus estudios; eso lo ayudaría a mejorar y le daría a su vida un curso respetable. Fredi sabía que debía hacer algo, pero no sabía qué.

Justus le seguía recordando que la respuesta era obvia y simple: debía ser maestro. Pero él tenía múltiples razones para explicar por qué eso no tenía sentido.

—La gente no respeta a los maestros —alegó.

—¿A quién le importa lo que piensen los demás? —respondió ella—. Eres feliz aquí, ¿no?

Fredi no estaba dispuesto a ceder.

—No se ofenda, pero he visto los autos que tienen los maestros. Son peores que los de los alumnos.

—¿A quién le importa qué auto tengas?

—Los profesores no ganan mucho —añadió él, casi rogándole a Justus que admitiera que la docencia no era una buena elección profesional.

—El dinero no lo es todo.

Fredi se quedó sin argumentos.

Ella se le quedó viendo hasta que él se avergonzó.

—Estás marcando una diferencia en la vida de la gente.

—No quiero ser maestro —dijo él.

—Deja de hacerte tonto —ordenó Justus—. Ya lo eres.

Fredi regresó a la ASU a tomar cursos de pedagogía. Descubrió que la mayor parte de sus labores académicas eran válidas para un título en educación secundaria con concentración en ciencias. En comparación con otros cursos que había tomado, los de pedagogía le parecían fáciles y naturales. Se le envió a dar clases a Camelback, y cuando se presentó ahí a su primera reunión de maestros, Justus hizo un anuncio:

—¡Por fin me escuchó!

Todos aplaudieron.

En casa, la reacción fue menos comprensiva. El primer empleo docente de tiempo completo de Fredi tuvo lugar en Carl Hayden, donde él reprodujo el seminario de ciencias de Justus. Su energía llamó la atención de los Phoenix Jaycees, organización filantrópica de hombres de negocios que lo eligió el Maestro Más Innovador de esa ciudad en 1988. Cuando llevó el trofeo a casa para enseñárselo a su madre, ella no mostró mucho interés.

—¿Cuándo vas a obtener un título de verdad? —le preguntó.

Fredi no lo podía creer. De chico, su madre siempre le dijo que debía ser el mejor en todo lo que hiciera. Ahora que había demostrado que era un gran maestro, resultaba que eso no era suficiente.

—Decepcionas a tu padre al ser maestro —dijo ella.

Fredi sintió como si le pegaran en el estómago. Dio la vuelta y se fue.

En 1996 se casó con Pam Nuñez, la psicóloga de Carl Hayden. Lejos de renunciar a la enseñanza, él echaba raíces. Para entonces ya era también el entrenador del equipo de campo traviesa, y había implantado un programa de carreras de coches eléctricos. Sus alumnos hacían vehículos que podían salir volando a ciento cincuenta kilómetros por hora. Aun así, la tensión con sus padres persistía.

En 1997, Pam y Fredi tuvieron su primer hijo, un niño, al que le pusieron Bijan. Alex, otro varón, nació en 1999. Compraron una bella casa en Gilbert, en East Phoenix, y Pam tomó un permiso para criar a sus hijos. A fines de 2001, justo cuando pensaba volver a trabajar, resultó claro que Alex no estaba bien. Había comenzado a decir frases completas a los dos años, pero de repente, luego de un periodo de tres meses, dejó de hablar.

—Fue como si se le hubiera apagado un interruptor —dice Fredi.

Se le diagnosticó autismo pronunciado. Alex se movía siguiendo patrones repetitivos, tenía estallidos de frustración inmotivados y no podía participar en interacciones sociales normales. Era como si viviera en un universo paralelo. Al mismo tiempo, a Bijan, el hijo mayor, se le dificultaba interacturar con la gente. Cualquier ruido fuerte le molestaba; si un grupo de niños echaba a reír, él se encogía, explicando después que el ruido "le dolía". En 2002 se le diagnosticó síndrome de Asperger, forma menos severa de autismo, que complica la socialización pero que proporciona discernimientos únicos del mundo.

Poco después de este diagnóstico, los padres de Fredi dejaron el estado. La relación fue tirante durante años, pero entonces empeoró. Fredi se encontraba en medio de las experiencias más desafiantes de su vida, y tendría que enfrentarlas sin el apoyo de sus padres. Ellos se establecieron en Las Vegas, donde Ali practicaba la medicina. Llamaban de vez en cuando, y al final dejaron de hacerlo por completo. Fredi sintió que nunca cumplió las expectativas de sus padres.

Esto le dolió, pero tenía que enfocarse en otras cosas. Tenía dos hijos pequeños; ambos necesitados de atención extrema. En 2002, cuando Cristian y Lorenzo estaban en el primer año de preparatoria, Fredi redujo sus actividades extracurriculares. Se disculpó con sus discípulos de campo traviesa y canceló su programa de coches eléctricos después de clases. Ya no iba a tener tiempo para eso.

Fue entonces cuando Cristian Arcega llegó a su salón, con el deseo de hacer robots. Poco después llegaron Oscar Vazquez y Lorenzo Santillan, desesperados por encontrar nuevas formas de definirse.

En 1989, el inventor Dean Kamen llegó a trabajar temprano una lluviosa mañana de sábado en Manchester, New Hampshire. Tenía treinta y ocho años de edad, cargaba un portafolios y vestía jeans y una chamarra de mezclilla con botones; mezclilla sobre mezclilla era su uniforme cotidiano. Le complació ver que el estacionamiento estaba lleno. Supuso que eso quería decir que su equipo de ingenieros también trabajaba con ahínco los fines de semana. Pero cuando llegó a sus oficinas, no vio ingenieros; vio niños por todas partes.

En su veintena, Kamen había inventado una jeringa autorregulada más segura y confiable que la operada por humanos. Cuando cumplió treinta, vendió su empresa a una gran compañía del ramo de la salud, esto le redituó una fortuna considerable. Con parte de ese dinero compró una vieja fábrica textil a orillas del río Merrimack, en Manchester, y convirtió los dos pisos superiores en un laboratorio de investigación y desarrollo. Gastó además trescientos mil dólares para hacer en la planta baja un museo de ciencias. La entrada al museo era libre, y él mismo se hacía cargo de muchas de las exposiciones. Ésta era su manera de retribuir a la comunidad lo que le había dado, y le sorprendió sobremanera que ese espacio atrajese a tantos chicos, sobre todo en fin de semana. Parecía que su nuevo museo era un éxito.

En vez de subir de inmediato a su oficina, vagó por el museo. Niños rebotaban en su máquina antigravedad, formaban burbujas gigantescas en el área respectiva y hacían que se les parara el pelo en la máquina electrostática. Pasó por el calefactor de Bernoulli y vio a niños maravillarse de que la pelota flotara en su sitio sobre el ventilador. Había una sensación de emoción y caos. Era evidente que los chicos se divertían.

—Me sentí muy bien —recuerda Kamen—. No me di cuenta de que estaba por tener una experiencia trascendental que arruinaría mis noches y fines de semana los veintitrés años siguientes.

Detuvo a un chico que llevaba un jersey de los Boston Celtics y le preguntó si le gustaría ver otros experimentos científicos. Fue como si Willy Wonka le preguntara qué clase de dulce quería hacer a continuación, pero el chico se alzó de hombros y contestó:

—No sé.

–Bueno, ¿qué te gusta de la tecnología? —insistió Kamen.

–No sé.

Probó otro ángulo.

–¿Conoces a científicos o inventores famosos? —preguntó, pensando que podía montar una exposición sobre una personalidad de esa especie.

El niño sacudió la cabeza.

Kamen quiso olvidar el incidente y enfiló hacia su despacho, pero antes decidió volver a probar con otro niño. Obtuvo la misma respuesta: el nuevo chico no conocía tampoco a ningún inventor. Kamen preguntó a una docena de niños más si podían mencionar el nombre de un ingeniero, científico o inventor vivo, y ninguno de ellos lo logró. Frustrado, decidió interrogar a sus papás, pero tampoco ellos pasaron la prueba.

"Esto no es lucha en lodo", pensó Kamen. "Es un centro de ciencia, así que éste es ya un grupo selecto de *la crème de la crème.*"

Por fin un papá tuvo un golpe de inspiración:

–¡Einstein! Aunque creo que ya murió...

Kamen salió frustrado y molesto. "¿A quién creo estar engañando?", pensó. Subsidiaba uno por uno a niños ricos, llegando a una población que tal vez no necesitaba esa ayuda extra. Y la idea no fructificaba. "En el gran esquema de cosas, quizás esto no tenga ningún impacto mensurable en el mundo", concluyó.

Cuando llegó a su oficina en el segundo piso, decidió que esos chicos no necesitaban más acceso al conocimiento. Ya disponían de innumerables libros, y la era de la información estaba a punto de explotar: ya existía una oferta abrumadora de conocimientos. Se dio cuenta de que a jóvenes como ésos sencillamente no les interesaban la ciencia y la tecnología, al menos no en comparación con otras cosas. Sus héroes eran, sobre todo, estrellas del deporte, y la idea de que persiguieran carreras deportivas que nunca prosperaban lo hacía rabiar. "Creen que si se esfuerzan haciendo botar una pelota durante los próximos diez años, serán el nuevo basquetbolista estrella", refunfuñó.

Tuvo un rayo de inspiración: "Debo crear algo que no compita con los demás centros de ciencia, sino con la Serie Mundial y el Super Bowl. Tengo que encontrar una manera de que la ciencia y la tecnología sean atractivas".

Decidió instituir un concurso de robots. Quería que fuera una experiencia limitada, como una temporada deportiva, con una serie de eventos que condujeran a un partido final. Tenía que haber superestrellas, así que reclutó a mentores de Apple, IBM y, después, Google. La meta era enseñar a los muchachos cómo eran los ingenieros en realidad: hombres y mujeres jóvenes de muy diversos orígenes que ganaban mucho dinero, manejaban autos formidables y eran tan interesantes como quienes hacían botar pelotas para ganarse la vida.

El concurso inicial se celebró en febrero de 1992 en la Memorial High School de Manchester. Los veintiocho equipos participantes se componían de preparatorianos de casi únicamente el noreste del país. Kamen formó parejas entre equipos e ingenieros de compañías de las grandes ligas como AT&T, Boeing, Alcoa, General Electric, IBM y Xerox. No buscaba apoyo financiero: pidió a esos profesionales donar durante seis semanas sus noches y fines de semana hasta culminar el evento. Su labor consistiría en asesorar a adolescentes para enseñarles qué significaba pensar como ingeniero.

El evento de clausura fue sumamente divertido. Kamen tendió una cancha de 3.5 por 3.5 metros, donde esparció pelotas de tenis. Tres equipos enfrentaban a otros tres, y la alianza que recolectara más pelotas pasaba a la siguiente ronda. Denominó a la competencia FIRST, acrónimo de For Inspiration and Recognition of Science and Technology. El énfasis estaba en la cooperación y el ingenio; esto demostró ser una mezcla explosiva. La competencia FIRST crecía cada año, hasta extenderse a todo el país. En 2001, las trece competencias regionales congregaron a veinticinco mil adolescentes de quinientos veinte equipos.

Fredi vio un volante de FIRST en 1999 y pensó que parecía una buena manera de involucrar a los adolescentes en algo práctico. Pero cuando, en 2000, decidió iniciar un pequeño equipo en Carl Hayden para participar en ese certamen, comprendió que no podría hacerlo solo. Los robots debían programarse y él nunca había estudiado computación. Le gustaba diseñar cosas y luego armarlas con sierras y tornillos. El matiz de la codificación no le interesaba. Además, en 2001, su vida familiar lo obligaba a restringir sus actividades extracurriculares. Necesitaría un poco de ayuda.

Allan Cameron fue un niño travieso. En los años cincuenta, cuando sus padres no lo dejaban ir a dormir a casa de sus amigos del vecindario, instaló cables entre sus respectivas casas, en San Francisco, y les conectó teléfonos para que pudieran hablar a medianoche por su propia red privada. Ya adulto y residente en Chandler, puso en su patio una antena de radio de nueve metros de altura para poder conversar con radioaficionados del mundo entero. (Le gustaba llamar a su antena el "centro de comunicaciones del hemisferio occidental"; su esposa, Debbie, la llama "un poste inmenso frente a la ventana de mi cuarto".) Para sus colegas en Carl Hayden, donde era maestro de ciencias de computación, Allan parecía a veces un niño grande.

Como nunca perdió contacto con su juventud, Allan sabía cómo se sentían sus alumnos. De chico odiaba las tareas, le parecían una pérdida de tiempo y nunca las hacía. Así que, como maestro, era raro que dejara tarea. Era más importante tener experiencias reales del mundo. En los años noventa, cuando internet estaba en pañales, llevó a la escuela su equipo de radioaficionado y enseñó a sus alumnos a comunicarse con personas en Rusia y Japón y con astronautas en órbita.

A sus cincuenta y cinco años de edad, la barba poblada de Allan ya era gris, pero su cabello seguía siendo castaño, y normalmente alborotado. Él tenía la apariencia desaliñada de un hippie, misma que cultivó tras servir en la Marina durante la guerra de Vietnam. En ese entonces, decidió que no quería seguir formando parte de lo que consideraba el complejo militar-industrial, y entró a trabajar como asistente de un profesor de filosofía en el Mesa Community College de Arizona. Cuando el profesor le sugirió ser maestro, Allan dudó de que alguna vez lo contrataran. Con su barba y su cabello largo, parecía un yeti. También le preocupaba que su expediente legal pudiera descalificarlo. A principios de los setenta, mientras acampaba con amigos en el Salt River, al este de Phoenix, aparecieron de pronto dos guardabosques. Registraron su camioneta, encontraron mariguana y lo acusaron de posesión de una sustancia ilícita. Allan creía que ese arresto podía salir a la luz en una revisión de su pasado.

–Si un expediente perfecto fuera un prerrequisito, sólo habría dos maestros en todo el estado de Arizona —le dijo su profesor.

Él decidió hacer la prueba. Se graduó en educación elemental y felizmente consiguió trabajo en Vista del Camino, en South Scottsdale. No era un empleo fenomenal. Pese a ubicarse en el East Side de Phoenix, South Scottsdale era un reducto de pobreza en medio de una zona rica. La escuela tenía una población enorme de chicos, entre indios yaquis e hispanos. Allan ansiaba comenzar, pero un directivo le advirtió que no sería fácil.

–Éste no es el Scottsdale que imaginas —le dijo. Le hizo sentir que era carne arrojada a los lobos.

Los estudiantes de quinto grado a los que debía instruir ahuyentaron a su profesor anterior. Eran rebeldes e irrespetuosos. A principios de año, el grupo tenía treinta alumnos, de los que sólo quedaban los doce peores. Todos los padres interesados en sus hijos los cambiaron de grupo. Los alumnos que quedaban no tenían ninguna expectativa de aprender. Parecía que todos, profesores y padres, se habían dado por vencidos con ellos.

Allan empezó con amenazas. No sabía mucho aún sobre la docencia, así que improvisaba. Un chico aventaba una silla; Allan le gritaba y lo mandaba a la dirección. Al día siguiente, el chico ponía aún menos atención y seguía sin controlarse. Allan le gritaba más e intentaba llamar a sus padres, pero éstos parecían indiferentes. El grupo era cada vez más belicoso. Evidentemente, la intimidación no dio fruto; de hecho, parecía tener el efecto contrario.

Un día, Allan llevó aparte a uno de los chicos más rebeldes y probó una táctica distinta. Explicó la importancia de la educación, y cómo ésta lo ayudaría a lo largo de la vida. Él no se dejó impresionar.

–Somos los peores en la escuela —dijo, con una pizca de orgullo—. No nos importa.

Ese momento fue decisivo para Allan y para quienes serían sus alumnos en los años siguientes. Se percató de que lo que esos muchachos hacían era mantener su mala reputación. Esto bien podía merecerles una etiqueta peyorativa, pero era lo único que tenían. "Al menos son los mejores en algo" pensó.

Al día siguiente, llegó a clases con un desafío:

–Todos creen que ustedes son una bola de idiotas. Cambiemos eso. Vuélvanse los mejores de la escuela.

Con eso consiguió llamar su atención, pero no mucho más. Allan les explicó que había estado en la Marina durante la guerra de Vietnam, y ofreció enseñarles lo que sabía acerca de la guerra. No les iba a enseñar a pelear, pero sabía que eso les atraería.

–¿Qué vamos a hacer? —preguntó con desconfianza uno de sus alumnos.

–Marchar.

Allan logró que se formaran y designó como "sargentos" a un par de chicos, encargados de mantener en línea a los demás. Tras enseñarles los pasos básicos, se hizo a un lado, para que ellos tuvieran espacio para practicar.

El grupo aceptó el reto y comenzó a practicar en perfecta marcha cerrada en la escuela durante el almuerzo y el recreo. Su disciplina les creó una nueva reputación en el plantel: querían demostrar que podían ser más disciplinados que ningún otro. Seguían siendo duros, pero ahora de un modo más concentrado y motivado. Allan lo resumió en una observación sencilla:

—Todos tienen que ser héroes de una forma u otra.

En 1982, Allan inició un doctorado en educación elemental, aunque tomó casi la mitad del curso en el departamento de ciencias de la computación. Llevaba cuatro años en este programa cuando se enteró de Carl Hayden. Era 1986, y esa preparatoria acababa de ser designada imán de ciencias de la computación, en un intento por atraer a estudiantes blancos. Le urgían maestros de computación dispuestos a trabajar "al otro lado del valle". Allan coqueteaba entonces con la idea de dar clases a nivel universitario, pero fue a West Phoenix a echar un vistazo.

Era raro que pasara por West Phoenix. A veces, cuando conducía por la autopista 10 y necesitaba gasolina, se salía en la calle Treinta y cinco o en la Cuarenta y tres; pero, más allá de eso, casi no visitaba el vecindario. Al principio se resistió a la idea de trabajar en el gueto. Su doctorado le abría nuevas posibilidades: podía encontrar un trabajo lucrativo como consultor pedagógico, conseguir una plaza prestigiosa o publicar libros. Enseñar ciencias de la computación a alumnos pobres de West Phoenix no lo haría rico —al contrario— ni le atraería muchas ovaciones.

Pero luego de impartir un par de clases en Carl Hayden como suplente, no podía dejar de pensar en esa escuela. Le preocupaba que la academia universitaria padeciera una burocracia absurda y una supervisión fastidiosa. Iba a sentirse presionado para publicar incesantemente y mantener su titularidad. En cambio, en Carl Hayden enseñaría programación, tema del que nadie sabía nada, así que, no sin cierta ingenuidad, supuso que no sería fácil que lo manipularan. También creyó que estaría en libertad de crear su propio programa. Y, sobre todo, estaba seguro de que los chicos de West Phoenix lo necesitaban más que los estudiantes universitarios.

En 1987 aceptó un puesto docente de tiempo completo en Carl Hayden, y cuando terminó su doctorado, en 1990, ya no tenía intención de marcharse. La pasaba muy bien ahí. En los noventa instituyó clubes de programación y radioaficionados, y en 2000 se enroló para iniciar un equipo de robótica con Fredi. No lamentaba la decisión de no dar clases en la universidad. Él no hablaba español ni sabía mucho de México o América Central, pero la mayoría de los alumnos a los que conoció en Carl Hayden estaban ansiosos por aprender y dispuestos a esforzarse. Un par de años más tarde, dejarlos era inconcebible para él.

El equipo de robótica de Carl Hayden comenzó poco a poco. En 2001 y 2002 se inscribieron unos cuantos alumnos. En 2003, el equipo participó en las competencias regionales de Arizona, ocupando el lugar treinta y uno, de treinta y siete. Esta pobre actuación no fue una sorpresa. El grupo era nuevo y no sabía bien lo que hacía. Además, Fredi tenía que ausentarse con frecuencia, para estar en casa con Pam y los niños. No muchos estudiantes sabían del equipo, y Fredi no tenía tiempo para promoverlo.

Pero a sus miembros les emocionaba pertenecer a él. Michael Hanck, alumno de primero obsesionado con los videojuegos, tomó uno de los cursos de ciencias marinas de Fredi y se integró al equipo ese mismo año. Hanck había estado en la secundaria con Cristian y sabía que a este pequeño mexicano le gustaban las máquinas, por ello le sugirió hablar con Fredi.

Durante una hora libre, Cristian subió trotando las escaleras del edificio 200 y entró al salón de Fredi. Robots a medio armar estaban regados por el suelo: un chasís aquí, un tablero de circuitos allá. Era mayo —las clases estaban por concluir— y el equipo había competido en el concurso FIRST de ese año. Fredi tenía un video del evento, y se lo puso a Cristian. Era impactante, pero todo había terminado. El robot ya estaba desarmado. No parecía haber nada que hacer; Cristian tendría que esperar un año más. Además, Fredi parecía cansado y se disponía a partir.

De hecho, estaba exhausto. Criar a un hijo autista puso su vida de cabeza, emocional y económicamente. Pam no había regresado a trabajar, así que tenían que arreglárselas con un solo ingreso. Era difícil reunir la energía necesaria para tratar con estudiantes todo el día, y más aún para hacer un viaje de casi una hora a casa. Pero Fredi no quiso decepcionar al chico serio y callado que estaba frente a él.

–Ahora vamos a hacer un *trebuchet* —señaló—. Podrías ayudarnos.

–¿Qué es un *trebu*... qué?

–Una catapulta medieval que opera por gravedad —respondió Fredi, como si fuera la cosa más obvia del mundo—. Lanzaremos calabazas con ella en Halloween.

–Suena increíble.

Era la primera vez que Cristian se tropezaba en la escuela con algo que parecía emocionante. Pero se mostró cauteloso. Estaba acostumbrado a que lo defraudaran, así que trató de no emocionarse demasiado.

Le fue difícil contenerse. Empezó a pasar su tiempo libre en el laboratorio de ciencias marinas. Fredi le enseñó un video en el que exalumnos convertían un Pontiac Fiero en un auto eléctrico. Retaron a la policía local a una carrera en una pista de pruebas y ganaron. También hicieron un vehículo eléctrico parecido a un auto de carreras de Fórmula 1. "¡Esto es fantástico!", pensó Cristian.

A Fredi le impresionó que Cristian fuera tan listo. Tenía el segundo promedio general más alto de su grado, y cuando Fredi tuvo que instalar un conjunto de computadoras nuevas, Cristian se ofreció a montar una LAN —una *network* local— para que operaran juntas. El saber libresco era bueno, pero Fredi apreció la habilidad de Cristian para hacer cosas a la carrera.

Cristian vio que también otro joven rondaba el laboratorio. Lorenzo tenía que tomar introducción a las ciencias marinas, y se presentaba en el aula cuatro veces a la semana. Para Cristian, era sólo un fanfarrón más, de los que decían chistes en clase y causaban distracciones inútiles. Él llamaba francamente "idiota" a la gente de ese tipo.

Pero Fredi vio en Lorenzo algo más: un chico inusual pero extraviado que buscaba una manera de definirse. Tras la debacle del xilófono en la banda militar, Lorenzo quedó a la deriva. Sus primos habían formado la pandilla WBP, por Wet Back Pride. Le enseñaron su lenguaje de manos y dejaban que anduviera con ellos. Ésta era una manera de pertenecer a algo, pero Lorenzo no quería meterse en problemas. No era tan rudo.

Fredi notó que Lorenzo se quedaba después de clases. El muchacho de la melena bobeaba entre las peceras y oía a Fredi hablar de armar cosas. Lo que realmente parecía llamar su atención eran las herramientas en el gabinete al otro lado del pasillo. Ahí había más herramientas de las que tenía Hugo, y los alumnos podían usarlas. Sin embargo, Lorenzo estaba acostumbrado a quedarse atrás, así que sólo miraba mientras Fredi daba de comer a los peces y limpiaba el acuario a la hora del almuerzo.

Un día, Fredi le tendió el estropajo, señalando las peceras.

–¿Quieres aprender a hacerlo?

Lorenzo rio nerviosamente.

–Sí, claro.

Nunca había tenido muchas responsabilidades. Sentía que su papá no lo respetaba, Hugo no lo dejaba usar sus herramientas en la entrada de la casa y sus compañeros se burlaban de él por su apariencia extraña. Ahora un maestro le confiaba la vida de un puñado de peces. Para la mayoría, esto podría no parecer gran cosa, pero para Lorenzo era algo sin precedente.

Fredi le explicó cuánta comida vaciar en cada pecera y cómo quitar las algas de las paredes del acuario. Pronto, cuidar las peceras se volvió parte de la rutina de Lorenzo. Llegado el momento de hacer una limpieza a fondo, se presentó un sábado a ayudar a Fredi a vaciar parcialmente las peceras. Era un trabajo maloliente; algunos se quejaban. Pero Lorenzo se las había visto con cosas peores; a veces pescaba tilapia en canales de concreto que apestaban a aguas negras. (Era una comida barata.) Así, cuando Fredi le pidió ayuda, él dijo que sí entusiasmado. Se sintió honrado de que se le pidiera apoyo.

Una vez limpias las peceras, Fredi lo invitó a McDonald's. Lorenzo no supo qué decir. Nadie lo había llevado nunca a un restaurante, ni siquiera de comida rápida. Su familia comía frijoles casi todos los días; no había dinero extra para gastar en artículos de lujo como una comida fuera. Fredi no sabía nada de esto. Sólo metió a empujones a Lorenzo en su camioneta Chevy Silverado y lo llevó a la Treinta y cinco y Van Buren.

En McDonald's, Lorenzo se paró nerviosamente en la fila junto a Fredi. No sabía qué pedir, y le preocupaba ordenar algo demasiado caro.

–¿Qué quieres? —preguntó Fredi.

–Usted primero.

Fredi ordenó una Big Mac con papas.

–Yo quiero lo mismo —se apresuró Lorenzo.

Cuando se sentaron, Fredi se puso a hablarle de robótica. Le explicó que los miembros de su equipo tenían la oportunidad de usar todas las herramientas del gabinete de robótica, desde las sierras de arco hasta los taladros. Era una posibilidad de aprender programación e ingeniería mecánica, habilidades que podían ayudarlos a entrar a la universidad. Además, resultaba divertido. El trebuchet era un buen ejemplo: la meta era hacer una catapulta capaz de lanzar una calabaza a más de treinta metros.

No habría sido necesario que Fredi dijera todo eso: sierras y taladros ya habían atrapado a Lorenzo.

Un hermoso domingo del verano de 2002, un grupo de alumnos de la Wilson Charter High School de Phoenix fueron a visitar las cataratas del Niágara. Wilson era una escuela de apenas trescientos setenta estudiantes, dedicada a ofrecer mejores oportunidades a muchachos de escasos recursos y miembros de minorías. Los maestros —entre los que se contaba Julia Reaney— organizaron ese viaje a Buffalo, Nueva York, para que los chicos compitieran en una carrera de lanchas propulsadas por energía solar, y usaran su tiempo libre para visitar lugares de interés. El cielo estaba despejado y la temperatura era de veinticuatro grados, un día perfecto para ver caer 2,867,500 litros de agua por segundo en un acantilado. Para jóvenes llegados del desierto, aquél era un espectáculo impresionante.

Durante el año escolar, los jóvenes de Wilson High hicieron un gran esfuerzo para convertir una pequeña lancha de remos en un bote impulsado por energía solar. Su pequeño bote ganó una competencia regional, esto les aseguró un sitio en el Solar Splash, el "Campeonato intercolegial mundial de botes solares". Los alumnos de Wilson ansiaban participar en el evento patrocinado por el Institute of Electrical and Electronic Engineers. Era una oportunidad para aprender muchas cosas y ver nuevos lugares. Uno de ellos lo describió como "una oportunidad única en la vida".

Las cataratas ocupaban el primer lugar en la lista de sitios por conocer. Tenían el domingo libre, así que fueron al centro de visitantes y se asomaron a aquella estruendosa caída de agua. Era imponente, pero estaban justo a un lado de las cataratas. Para tener una visión de conjunto, debían cruzar el Rainbow Bridge al lado canadiense. Reaney sabía que algunos de sus alumnos eran de México —noventa y cinco por ciento de la población estudiantil de esa escuela era hispano—, y que era probable que muchos de ellos vivieran ilegalmente en Estados Unidos. No quería correr riesgos innecesarios, así que atravesó el largo estacionamiento entre el centro de visitantes y el edificio de entrada.

Ahí encontró a un agente de inmigración, al que preguntó si chicos con credenciales escolares estadunidenses podían cruzar. Supuso que, de no estar permitido eso, ella sencillamente regresaría al centro de visitantes, ordenaría a los muchachos recoger sus cosas y todos volverían a la competencia. Pero su pregunta despertó el interés del agente. Éste quiso saber de dónde procedían los chicos y cuál era su origen.

Cuando se enteró que ellos esperaban en el centro de visitantes, recorrió con paso firme el estacionamiento y comenzó a interrogarlos. Les preguntó dónde habían nacido y exigió pruebas de nacionalidad estadunidense. Cuatro chicos habían atravesado de niños la frontera, y aunque crecieron en Phoenix, vivían ilegalmente en el país. No importaba que estuvieran entre los mejores alumnos de su escuela ni que hubieran ido ahí para participar en un concurso de ingeniería. El agente decidió detenerlos. Trasladados a un área de arresto de uno de los edificios de inmigración, en un lapso de nueve horas fueron interrogados por varios agentes. Cuando un chico admitió haber nacido en México, un oficial exigió saber por dónde había cruzado la frontera.

–¡Oiga, yo tenía como dos años! —dijo el adolescente—. No tengo idea.

–¿A qué vinieron a las cataratas del Niágara? —preguntó otro oficial—. No tienen nada que hacer aquí.

Los agentes llamaron a Jane Juliano, directora de la Wilson Charter High School, y le pidieron que mandara por fax las actas de nacimiento de los cuatro estudiantes detenidos. Según Juliano, esos policías querían dejar en claro las cosas. "No mande a sus ilegales a Nueva York", le dijo uno de ellos por teléfono.

Los agentes iniciaron trámites para deportar a México a esos cuatro alumnos. La batalla legal se prolongó tres años en tribunales federales antes de que un juez decidiera que los estudiantes fueron injustamente agredidos bajo pretexto de su apariencia hispana. El Departamento de Justicia apeló, pero un tribunal federal de apelación en materia de inmigración desechó el caso, y los cuatro jóvenes fueron autorizados a permanecer en el país.

No obstante, la amenaza era clara: los estudiantes que vivieran ilegalmente en Estados Unidos podían ser perseguidos y detenidos. Un agente de la Border Patrol podía encontrarlos en cualquier parte y enviarlos a un país que apenas si conocían. Los intentos por sobresalir los podría enfrentar a un castigo severo. Incluso una aparentemente inofensiva competencia veraniega de ciencias implicaba riesgos que podían alterar el curso de una vida.

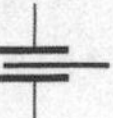

Cuando comenzó el año escolar 2003-2004, Lorenzo y Cristian se inscribieron en el club de robótica de las siete de la mañana. Junto con Michael Hanck, los nuevos alumnos de segundo idearon una catapulta enorme. Por primera vez en su vida tendrían libre acceso a herramientas eléctricas. Así, en lugar de diseñar un dispositivo modesto y fácil de transportar, Hanck hizo un boceto de un gigante de doscientos treinta kilogramos y 4.5 metros de alto que avanzaba sobre cuatro ruedas de madera de 1.2 metros de diámetro. Cristian y Lorenzo coincidieron en que era impresionante. Si era una catapulta, debía parecer apropiadamente medieval; Hanck la llamó MOAT, acrónimo de Mother of All Trebuchets. Mientras los chicos procedían entusiasmados a ensamblar su inmenso artefacto lanzador, a Fredi le preocupó que el proyecto se desviara a un mundo de fantasía. Estos jóvenes necesitaban liderazgo.

Fredi tenía un candidato ideal. Oscar Vazquez cursaba el último año del seminario de ciencias marinas de Fredi y era un cadete distinguido del ROTC. Aunque tenía espíritu marcial, era obvio que no podría hacer carrera en el ejército. Se inscribió en el curso de Fredi para probar nuevas oportunidades, y abordó el seminario con el entusiasmo que lo caracterizaba. No quería limitarse a tomar el curso; quería forzarse, y forzar a todos a su alrededor, a hacer algo asombroso.

Así que cuando Fredi mencionó que unos chicos del club de ciencia y tecnología estaban haciendo una catapulta, Oscar puso atención. Le gustaba armar cosas, y era experto en herramientas eléctricas, luego de haber trabajado incontables fines de semana con su padre en la fábrica de colchones. Pero, sobre todo, buscaba dirigir un nuevo equipo. Aceptó ir a ver.

Lo que vio le impactó. El diseño del trebuchet de Hanck constaba de una torre de madera que sostenía una barra de pesas de banco a 4.5 metros del suelo. La barra tenía una carga de cincuenta y cinco kilos, que al ser soltada haría que un palo de 2 × 4 pulgadas y 3.5 metros de largo trazara un arco de ciento ochenta grados, arrojando a la distancia lo que contuviera en el extremo.

Lucía genial, pero Oscar percibió un problema básico. Como el brazo medía 3.5 metros, la palanca requerida para poner el peso de cincuenta y cinco kilos en posición de despegue era sustancial. Con cincuenta y cinco kilos, Cristian podía colgarse del brazo y la estructura apenas si se movería. Este hatajo de nerds flacos hizo una catapulta tan grande que sería difícil de accionar.

Oscar era la persona indicada para resolver ese problema. Como comandante del Adventure Training Team, estaba acostumbrado a escalar paredes de rocas y colgar de sogas. Regularmente ordenaba a los miembros de su brigada del ROTC ponerse espalda con espalda para formar una pirámide. Esto no sería diferente. Fijó una cuerda en lo alto del brazo del trebuchet, para aportar cierto movimiento descendente inicial. Entonces, mientras Cristian, Lorenzo, Hanck y otros tiraban hacia bajo, el peso combinado del grupo bastó para bajar la barra de pesas de banco a la posición de lanzamiento.

La magna presentación del trebuchet estaba prevista para octubre de 2003, en la Mother Nature's Farm de Gilbert, Arizona. El huerto local de calabazas era la sede de un concurso anual de lanzamiento; estaban en juego premios en efectivo y la posibilidad de vanagloriarse por haber ganado. Lorenzo estaba muy emocionado. Jamás había convivido con alumnos de último año, y menos aún con alguien tan serio y concentrado como Oscar. También le impresionaba la inteligencia de Cristian, y el hecho de que hubieran armado algo dos veces más alto que cualquiera de ellos. Un día antes del concurso, Fredi les dijo que saldrían a la seis de la mañana del día siguiente. El campo de calabazas estaba a media hora en auto, y necesitaban tiempo para armar el trebuchet allá. Lorenzo ansiaba verlo en acción.

Pero a la mañana siguiente se quedó dormido y despertó minutos antes de las seis. Vivía a diez minutos de la escuela, así que montó de un salto en su bicicleta de veinte velocidades. Lamentablemente, sólo servían dos de ellas, y eran las altas. Intentó arrancar, pero las velocidades no respondieron. Al principio, la bicicleta apenas si se movía. Una vez que pudo echarla a andar, salió volando por las calles antes del amanecer, pedaleando desenfrenadamente.

Estaba a menos de una cuadra de la escuela cuando la camioneta de Carl Hayden pasó a toda prisa junto a él y tomó la vía de acceso a la autopista. Llevaba el trebuchet en un remolque; Lorenzo la vio acelerar para entrar a la interestatal y desaparecer en el acceso. Se quedó sin aliento y ni siquiera pudo gritar. Llegó dos minutos tarde. Se sintió furioso consigo mismo y su falta de disciplina.

En el campo de calabazas sus compañeros no lo extrañaron. Para empezar, Cristian no le tenía mucho respeto y su ausencia no hizo más que fortalecer su impresión inicial. A Oscar tampoco le impresionaba alguien que no podía levantarse temprano. En todo cadete se inculcaba el principio de que no hay excusa alguna para llegar tarde. Lorenzo tenía un largo camino por recorrer para ganarse la confianza del grupo.

Iniciado el evento de lanzamiento de calabazas, Oscar, Cristian y Hanck armaron con trabajos el trebuchet. Cristian llevaba shorts negros que le cubrían las rodillas, calcetines blancos hasta las pantorrillas, una camiseta blanca extragrande y una brizna de bigote; parecía un gángster nerd. Oscar llevaba una camiseta sin mangas y su corte a rape. Fue quien se abrió camino a pulso hasta la cuerda para bajar el brazo de la catapulta. Hanck tiraba de en medio, mientras Cristian colgaba de la cuerda abajo. Fue necesaria la intervención de los tres para poner el brazo en posición. Cuando dispararon, el dispositivo emitió un silbido satisfactorio y arrojó la calabaza unos treinta metros.

Añadiendo más peso, aumentaron poco a poco el "índice de lanzamiento" a cuarenta y cinco metros. Eso los colocó en el segundo lugar, detrás de una escuela de una zona relativamente adinerada de East

Phoenix. En un esfuerzo por vencer a sus contrincantes, agregaban cada vez más peso al artefacto. Por fin, el brazo del trebuchet se partió en dos. Carl Hayden tuvo que contentarse con el segundo sitio, pero todos coincidieron en que fue muy divertido. El único problema fue la dificultad para manejar una máquina tan grande y pesada. Se dieron cuenta de que sería útil tener en el equipo a alguien un poco más corpulento.

Luis Aranda fue, al principio, un bebé de tamaño normal y 2.7 kilos de peso. A Maria Garcia Aranda, su madre, le parecía un muñeco, y lo presumía a sus amigas. La familia vivía en una casita en la ciudad de Cuernavaca, con agua corriente y electricidad esporádicas. Al mirar atrás, nadie podía señalar con precisión en qué momento Luis se volvió un gigante. Tal vez había toxinas en todos los nopales y nísperos que comía, o algo en el agua que ellos sacaban de una cisterna, pero el hecho es que empezó a crecer y crecer. Sus padres medían 1.65, pero cuando Luis estaba en el kínder era ya uno de los infantes más altos y pesados del rumbo.

Marla Garcla trabajaba como sirvienta de una japonesa. Muchas veces llevaba a Luis al trabajo, y la japonesa se aficionó al robusto niño. Era grande sin ser exactamente gordo. En más de un sentido, tenía la solidez y presencia de un luchador de sumo. La señora lo veía avanzar pesadamente por la propiedad y jugar en la tierra. Un día en que Luis le dijo a su madre que la quería mucho, la japonesa se emocionó.

—Recuerdo que mis hijos me decían lo mismo —explicó.

La japonesa sabía que la familia Aranda pasaba dificultades. El papá de Luis, Pedro, fue obrero de la construcción, pero luego partió en busca de empleo en Estados Unidos como trabajador agrícola. Maria Garcia estudió sólo hasta segundo de primaria, y se casó a los catorce años. Ahora estaba embarazada otra vez. Al parecer podría haber una solución de beneficio mutuo: algunos amigos de la japonesa buscaron a Maria y le sugirieron dar a Luis en adopción. La japonesa cuidaría de él. Estaría bien alimentado, bien vestido, y tal vez hasta visitara Japón.

Pero Maria no podía separarse de su hijo, aun si eso significara que éste tuviera oportunidades limitadas. No obstante, esa conversación la obligó a considerar qué podía hacer para darle a Luis una vida mejor. Llevarlo a Estados Unidos parecía la única opción real.

El domingo 21 de julio de 1991, Maria Garcia empacó una bolsa pequeña y tomó de la mano a Luis.

–Nos vamos al otro lado —dijo.

Junto con el abuelo, una tía y dos primos, la familia partió a Nogales en autobús. Atravesó un hoyo en una alambrada en la frontera y tomó un taxi a Phoenix, donde Pedro trabajaba como carnicero. Tiempo después, Pedro obtuvo la residencia permanente, y consiguió también tarjetas verdes para Maria y Luis. Esto significó que Luis sería uno de los chicos afortunados que no tenían que vivir con miedo a la deportación.

En Phoenix, Luis se desarrolló más rápido. A los catorce, ya era más alto que sus papás, y a los dieciséis pesaba noventa y tres kilos y medía 1.82, rebasando a sus padres en más de quince centímetros. Era un muchacho tranquilo, aunque no huraño ni ensimismado. Parecía ver el mundo desde arriba con un desconcierto sutil, como si todo lo que hacían los demás, más pequeños que él, fuera ligeramente gracioso.

La escuela no le interesaba en particular —leer tendía a darle sueño—, pero sabía que sus papás habían hecho sacrificios para llevarlo a Estados Unidos, y no quería defraudarlos. Asistía obedientemente a la escuela, aunque la familia ya había crecido y había muchas bocas que alimentar. Maria Garcia dio a luz a David en 1991, a Joselin en 1996 y a Miguel en 2000. Cuando iba en secundaria, Luis empezó a lavar platos en el restaurante italiano Amici's. Desde los once años, salía de la escuela a las tres y trabajaba en el restaurante de cuatro de la tarde a diez de la noche.

En comparación con la escuela, la cocina le fascinaba. Observaba en silencio a los chefs mientras producían, uno tras otro, platillos que no había visto, o de los que no había oído hablar nunca: fettuccine Alfredo, lasagna con pollo y camarones rebozados. En casa, comenzó a ver programas de cocina en la tele, y le embelesaba la manera en que Julia Child preparaba el pavo asado. Le pidió a su mamá que lo hiciera, y ella se esmeró: compró un pavo, lo puso a cocer y lo sirvió con un mole espeso, como en México. A Maria le gustaba decir que su corazón permanecía en Cuernavaca, y nunca modificó su forma de cocinar. El platillo distaba mucho del pavo asado de la tele, pero cuando Luis se quejó, su madre le dijo, interrumpiéndolo:

–La próxima vez hazlo tú.

Así que Luis empezó a cocinar. En octavo grado, asó un pavo, y aunque su mamá consideró que hubiera podido ponerle algo de mole, se sintió orgullosa de él. Sin duda estaba un poco seco, pero era un clásico pavo asado estadunidense.

Cuando estaba en la preparatoria, Luis ya trabajaba como cocinero de platillos sencillos en un restaurante junto a un boliche. Le pagaban poco —cinco dólares la hora—, pero por un tiempo le emocionó la novedad de hacer de comer para la gente. En su último año, encontró un mejor empleo en Doc's Dining & Bar, lugar frecuentado por jubilados en Youngtown, un suburbio de Phoenix. Este establecimiento era propiedad de Harold Brunet, quien inicialmente lo contrató como lavaplatos. Una mañana en que la cocina se vio asediada por jubilados con antojo de tostadas francesas y filetes rebozados, Luis ofreció ayudar. Brunet se mostró escéptico —Luis apenas si hablaba y, en cierto modo, era un enigma—; pero cuando el muchacho preparó de prisa un omelet de jamón y queso, Brunet quedó impresionado. Después de años de silenciosa observación y de ver la tele, Luis había aprendido mucho.

A principios de su último año, se inscribió en el seminario de ciencias marinas de Fredi. Este curso estaba pensado como una oportunidad de trabajar, en forma independiente, en un proyecto de un año de duración y de sumergirse realmente en algo para los alumnos a punto de graduarse. Luis pensó que sería una posibilidad de hacer cualquier cosa mientras obtenía créditos suficientes para terminar sus estudios. Fredi ofreció a los alumnos de último año un montón de temas posibles —corrientes oceánicas, migraciones de animales marinos—, pero también les dio la opción de trabajar en robótica. Luis estaba seguro de que se dormiría en clase si tuviera que leer algo. No le gustaba meterse en problemas, así que eligió robótica.

También resultó grato que el equipo pareciera necesitar su ayuda. Él no conocía a Cristian ni a Lorenzo, pero sí a Oscar —era difícil no ver al cadete con su uniforme verde pepino—, con quien había tomado algunas clases. Ahora que ambos estaban en último año y en el seminario de Fredi, se veían varias veces a la semana, y Oscar era amable con él. A muchos en la escuela les intimidaba la mezcla de tamaño y silencio de Luis. Pero a Oscar no y lo trataba como a cualquier otro.

–Hagámoslo —le dijo un día a Luis en la clase—. Podemos armar algo grandioso.

Luis asintió con la cabeza y soltó su único pronunciamiento sobre la materia:

–De acuerdo.

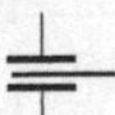

En el verano de 2003 —justo antes de iniciar el año escolar y el proyecto del trebuchet—, Fredi y Allan viajaron a Monterey, California, a informarse mejor acerca de una nueva competencia de robótica con sede en el Marine Advanced Technology Education Center (MATE). Esta organización se fundó en 1997 para promover entre los estudiantes carreras de tecnología marina, desde construcción de plataformas petroleras y aplicaciones militares hasta investigación ambiental y científica. En sus siete primeros años, aquel centro obtuvo becas en tierra y mar para ciento diecinueve alumnos, pero su personal decidió que un concurso sería un modo divertido de interesar a los jóvenes en la labor oceánica.

El evento inaugural se celebró en 2002, en el centro espacial Kennedy de Florida. Jill Zande, la organizadora, lo concibió como una recreación de *The Rime of the Ancient Mariner*, de Samuel Coleridge. En el poema original, un miembro de la tribulación mata a un albatros que busca comida y un lugar seguro para aterrizar. Esa muerte arroja una maldición sobre el barco, lo cual transmite el mensaje de que no hay que perseguir a quienes buscan refugio, porque suelen traer buena suerte. Zande elaboró un relato paralelo, en el que un marinero que causa la maldición de su barco reta a estudiantes con vehículos a control remoto (ROVs) a rescatar su tesoro hundido.

"Por eso yo les digo / a ti, tu ROV y los doce volts de tu batería", recitaba el marinero en la declaración de misión de la competencia, "que quienes estudian carreras tecnomarinas / encontrarán riquezas en el fondo de la bahía."

Zande consiguió patrocinadores de las grandes ligas, como la NASA, la National Science Foundation y la Office of Naval Research. La esperanza era inspirar a una nueva generación de astronautas, científicos y exploradores, y Zande era una predicadora entusiasta. Parte del reto consistía en reclutar a nuevos estudiantes, y ella instauró un programa de verano para maestros. Envió e-mails a equipos de FIRST de Dean Kamen en todo el país, y su nota llamó la atención de Allan. Ésa era una gran oportunidad de combinar las ciencias marinas con la robótica. También era un viaje gratis a algún lado, y los maestros rara vez reciben viajes gratis.

El evento de una semana de duración en Monterey, California, parecían vacaciones. Fredi y Allan viajarían solos, y no tendrían la obligación de parecer adultos serios y responsables. Para Allan, era una oportunidad de volver a ser joven. En casa, era el padre de tres chicas adolescentes. Su esposa y una pareja de gatas completaban la familia; él era un varón en una casa llena de mujeres. Para Fredi, era una pausa de las satisfacciones impredecibles y tensión diaria de educar a un hijo con autismo y a otro con Asperger. En su vida no había mucho espacio para la amistad. Pasar tiempo conviviendo con otro maestro resultó agradable.

Después de ese verano, Fredi le llamaba tan seguido a Allan que la esposa de éste, Debbie, cubría el teléfono con una mano y gritaba: "¡Es tu otra esposa!". Hablaban del trebuchet y la próxima competencia FIRST, y cada vez más de ROVs. Parte del propósito del taller de verano fue preparar maestros para que formaran su propio equipo de robótica submarina.

–Es ridículo imaginar un equipo de robótica submarina en pleno desierto —dijo Fredi, riendo en el teléfono una noche—. Todos los equipos que han competido hasta ahora son de las costas.

Allan estuvo de acuerdo: no tenía caso meterse en eso. Sus alumnos eran pobres, y tenían pocas posibilidades de reunir una suma significativa. Además, no tenían ni idea de lo que hacían en realidad.

–Pero ¿te animarías a hacerlo?

Fredi casi pudo oír sonreír a Allan.

–Sí, hagámoslo.

Dos

0545 HORAS – 11 DE JUNIO DE 1942 – POSICIÓN: DM 4388

JUSTO FRENTE A LA COSTA NORTE DE CUBA

Desde el puente de su submarino emergido, el capitán de corbeta Wolf Henne buscaba ansiosamente en el cielo patrullas aéreas estadunidenses.

La declaración de misión de la competencia de robótica MATE 2004 era muy superior a la ligera variante de *The Rime of the Ancient Mariner* del acto inaugural. Para esta tercera versión, Jill Zande fue más ambiciosa, y trabajó con los autores Vickie Jensen y Harry Bohm para producir un relato de veintidós páginas que recreaba la caída del *U-157*, submarino torpedeado en el Caribe en 1942. Durante el concurso, los estudiantes tendrían que explorar en una alberca una maqueta de ese submarino. El relato perseguía despertar su imaginación y Fredi les pidió a los muchachos que lo leyeran en casa.

Lorenzo lo leyó en su cuarto. Había palabras alemanas que sonaban muy raro y algo sobre un agente secreto. Al final, el submarino germano caía víctima de una misteriosa explosión cerca de las costas de Florida. El capitán era entonces milagrosamente rescatado por un pescador hispanohablante llamado Pedro Sánchez.

"¡Vaya, vaya, vaya!", se dijo Lorenzo. Submarinos, explosiones... todo eso estaba bien. Pero la mención de Pedro Sánchez le llamó la atención.

Al día siguiente, tenía en clase una pregunta para Fredi:

–¿Así que un mexicano le salvó la vida a ese tipo?

–Quién sabe si era mexicano —contestó Fredi—. Pudo haber sido cubano, ya que esto sucede en Florida.

–Tal vez dirían que el mexicano hundió el submarino y metió al capitán a la cárcel —bromeó Lorenzo.

Fredi quería concentrarse en la producción del robot, e intentó hacer que el grupo regresara a la misión. Señaló las tareas requeridas. El concurso implicaría una réplica del submarino en una piscina de la University of California, campus Santa Bárbara. Había siete tareas. Los competidores tenían que hacer un ROV capaz de medir el largo del submarino, calcular su profundidad y navegar dentro de la estructura para recuperar la campana del capitán. El ROV también tenía que recuperar dos piezas "perdidas" del equipo de investigación, obtener una muestra del líquido de los barriles del cargamento secreto y determinar la temperatura de la fuga de una fuente de agua fría.

Lorenzo rio por lo bajo. Era sencillamente imposible que ellos hicieran cualquiera de esas cosas. Hasta Cristian parecía intimidado. Luis miraba a los demás sin comprender ni decir nada.

El único entusiasta era Oscar:

–¡Podemos hacerlo! Hay que empezar a trabajar ahora mismo.

–Vivimos en el desierto —repuso Lorenzo—. Ni siquiera tenemos una alberca en la que se pueda practicar.

–Podemos hablar con los de Scuba Sciences. Seguro nos dejarán entrar —dijo Fredi.

Como centro de atracción de ciencias marinas, Carl Hayden ofrecía certificación de buceo a través de Scuba Sciences, tienda local para buzos con una alberca techada.

Lorenzo no parecía convencido. Fredi y Allan intercambiaron miradas. Apreciaban el entusiasmo de Oscar, pero ésa sería una tarea difícil.

Les emocionaba la idea de ir a Santa Bárbara y participar en el evento. El grupo tendría la oportunidad de ver cómo operaban equipos más sofisticados. Aprenderían mucho y podrían aplicar las lecciones en años futuros. Pero ellos temían que los muchachos no pudieran vencer el reto. No querían admitirlo, pero ambos pensaron que sus alumnos bien podían hacer un robot que se hundiera hasta el fondo de la alberca e hiciera corto.

Éste era un problema. Lo último que cada uno de los maestros quería era que sus alumnos se sintieran mal. El caso era justamente darles la oportunidad de hacer algo más allá de lo que ellos creían posible. Pero si se presentaban al evento y fracasaban estrepitosamente, esto reforzaría la impresión de que, para comenzar, no debieron estar ahí. Eso podría dejar en un chico como Lorenzo una sensación permanente de inferioridad.

—¿Estamos seguros de esto? —preguntó Allan cuando Fredi y él tuvieron un momento después de clases.

También Fredi estaba preocupado. La presentación del evento señalaba que la tercera competencia anual de ROVs "promete ser una de las más desafiantes, técnicamente, hasta ahora". Se le dividiría en dos categorías: Comando y Explorador. La categoría Comando estaba dirigida a equipos de preparatoria y la de Explorador a universidades. "La categoría Explorador es propia para los interesados en diseñar y producir un ROV multifuncional avanzado con un sofisticado sistema de control y carga útil", decía la presentación del concurso. "Los vehículos de la categoría Explorador tienen un tope de potencia más alto, y suelen ser más costosos de producir."

Pero incluso la categoría Comando parecía amedrentadora. "Esta categoría es con mucho la más popular entre los alumnos de preparatoria", decían los materiales del evento. "Pero no se engañen: las tareas de misión de esta categoría son igualmente desafiantes." En 2003, en la categoría para preparatorias contendieron escuelas como Milton Academy, colegio privado de Nueva Inglaterra para alumnos de alto aprovechamiento, y Cambridge Rindge & Latin, otro instituto del área de Boston, con una historia de trescientos cincuenta años de excelencia, e incluso una universidad: College of the Mainland, de Texas City, Texas. Esta escuela colindaba con la bahía de Galveston y el Golfo de México, área con una larga historia de exploración marítima. No parecía justo.

—Espera un momento —dijo Fredi, mientras se le ocurría una idea—. Si las universidades pueden entrar a la categoría de las preparatorias, ¿por qué no también podría ser al revés?

—El MIT está en esa categoría —señaló Allan.

—Pero de todas formas nosotros no vamos a ganar —dijo Fredi—. ¿No es mejor que nos derroten universidades y no otras preparatorias? De este modo, los muchachos podrán decir que les ganó el MIT. No hay deshonra en eso.

Allan asintió con la cabeza. Tuvo que admitir que tenía cierta lógica.

Los maestros expusieron su plan en la siguiente reunión del equipo. Para todos, ésta sería la primera vez que competirían en un concurso de robótica submarina. Estaban en desventaja, pero podían decidir con quién perder.

—¿Preferirían que les ganara un montón de preparatorianos o el MIT? —preguntó Fredi.

—¿Qué es el MIT? —inquirió Oscar.

Ninguno de ellos había oído hablar de esa universidad.

—Es la mejor escuela de ingeniería del país —respondió Allan—, y tal vez del mundo.

—Es básicamente una escuela llena de Cristians —dijo Fredi.

—Una escuela para brutos, entonces —bromeó Lorenzo.

—Cállate —lo cortó Cristian.

Luis observaba en desconcertado silencio, con una sonrisa burlona dibujada en su rostro.

–¿Quieren que compitamos contra la mejor escuela del país? —preguntó Oscar, aún tratando de hacerse a la idea.

–Queremos que se diviertan y aprendan mucho —contestó Fredi—. Y si tienen que vérselas con el MIT, es probable que aprendan más que con equipos inferiores.

–Yo no voy a entrar a algo para perder —dijo Oscar.

Ya que no había podido llegar al ejército después de varios años como cadete destacado del ROTC, no quería volver a perder su tiempo.

–Entonces trabajemos duro y hagamos un gran robot —dijo Allan.

–¿Qué posibilidades tenemos? —preguntó Oscar.

–Podemos aspirar a no terminar últimos —respondió Fredi, tratando de ser realista—. Ésa es una buena meta.

Lorenzo soltó una risita nerviosa.

–Ése podría ser nuestro lema: "No terminar últimos".

La idea de terminar últimos no iba con Oscar. En la primera reunión de diseño del equipo, en noviembre de 2003, él se hizo cargo:

–Vamos a patearlos a fondo, ¿eh?

Lorenzo rio hasta que la mirada de Oscar lo hizo callar. Oscar se puso a repasar la descripción del concurso. La introducción oficial de MATE a la misión de la categoría Explorador comenzaba con una cita del general George S. Patton: "Acepta los desafíos para que puedas sentir el júbilo de la victoria".

A Oscar le gustó eso. Aun si los demás no, él sí estaba listo y decidido a arrastrarlos con él.

El tercer párrafo de la declaración de misión también tuvo impacto: "Ésta es una misión de exploración. Explorar significa descubrir lo nuevo, y lo inesperado. Esta competencia ampliará su imaginación y habilidades técnicas. Entren al evento con el espíritu de los hombres y mujeres exploradores que se han lanzado a lo desconocido". Quizá los organizadores del evento no hayan pensado en cuatro chicos de una preparatoria de gueto, pero esas palabras resonaron en ellos.

Una de las primeras tareas fue resolver cómo pagarían todo eso. MATE cubriría la alimentación y el hospedaje en Santa Bárbara y daría cien dólares para materiales. Esto era casi suficiente para solventar el costo de ir a California. Pero necesitarían mucho más, así que Fredi imprimió folletos que explicaban que quien hiciera donaciones a su club obtendría una deducción fiscal local de dólar por dólar. Lorenzo no entendió de qué estaban hablando; lo único que supo fue que Fredi quería que pidiera dinero.

–No conozco a nadie con dinero —dijo.

–Pídele a tu familia —replicó Fredi.

Lorenzo rio.

–No tiene nada.

Aun así, se llevó unos folletos y pidió un donativo a una prima mayor. Ella trabajaba limpiando cuartos en un motel, y quizá tenía algo de dinero disponible.

–Voy a competir en un concurso de robótica submarina —le dijo.

Lorenzo tenía fama de bromista en su familia, y quizás ésa fue una de sus peticiones más insólitas que ella le hubiera escuchado alguna vez. La prima se negó a donar.

Cristian no tuvo mejor suerte. Sus papás no podían darle dinero, así que llamó a tíos y tías en California y el sur de Arizona. Dijeron que lo pensarían, y nunca mandaron nada.

Para sorpresa de todos, Luis hizo algunos progresos iniciales. Un día en Doc's, después del trabajo, le tendió un folleto de robótica a Harold, su jefe. A éste le asombró saber que su gigantesco y taciturno cocinero de platillos sencillos iba a participar en un concurso de robótica submarina patrocinado por la NASA.

–No me lo esperaba —dijo, y le dio un cheque por cien dólares.

Oscar probó un método parecido: fue de visita a Quality Bedding, la fábrica de colchones en la que trabajaba su papá. Había pasado sus veranos ensamblando bastidores con su padre, así que conocía a la dueña, Iris Oroz, y a muchos empleados. Tras ofrecerle un folleto a Oroz, le explicó que West Phoenix se enfrentaría con lo mejor de lo mejor. Necesitaban apoyo local si querían tener posibilidades de ganar. Sus palabras tocaron una cuerda sensible: Oroz giró un cheche por cuatrocientos dólares, y un empleado aportó otros cuatrocientos.

Esto les dio un presupuesto de alrededor de novecientos dólares. No era mucho, pero para cuatro adolescentes de West Phoenix parecía una fortuna para gastar en un robot. Ya en poder de algunos fondos, se pusieron a hablar de cómo hacer el robot. Comenzaron desarmando un pequeño trebuchet que realizaron durante el concurso de lanzamiento de calabazas. Querían saber qué tan grande debía ser su ROV para alojar propelas, sensores y controles. Usaron la tabla de dos por uno para hacer una caja simple. Una vez hecho esto en el gabinete de robótica, alrededor del tosco modelo de madera hablaron sobre las tareas por cumplir. La primera: medir la profundidad y longitud de la maqueta del submarino.

Lorenzo lo imaginó bajo el agua y pensó en el método más simple posible: un tramo de cuerda. Si su ROV podía extender esa cuerda de un extremo a otro del submarino, podrían medirlo. De igual forma, podrían bajar la cuerda desde la superficie hasta tocar el fondo de la alberca y obtener así una lectura de la profundidad. Se lo propuso al grupo.

–¿Y si no llega al fondo? —preguntó Cristian. Esa idea parecía tonta.

Lorenzo lo pensó un segundo.

–Sí, ése podría ser un problema.

El grupo siguió devanándose los sesos, pero Lorenzo no dejaba de pensar en su cuerda. Un minuto después, dio con otro método:

–¿Y si colgamos una cuerda desde una cosa flotante? Podríamos hacerle marcas cada tantos centímetros y usar una cámara para ver qué tan abajo llega.

Esta vez, Cristian tardó un minuto en rebatir la idea:

—La cuerda podría enredarse en las propelas. Y nos quitarán puntos si dejamos algo en la alberca, así que perderíamos tiempo tratando de recuperarla.

Lorenzo parecía desilusionado. Pensó que se le había ocurrido algo bueno.

—Pero no es tan mala idea —admitió Cristian.

Lorenzo se animó.

—¿Y si usamos simplemente una cinta métrica? Podríamos hacer una lazada en el extremo, engancharla en el submarino y meterle reversa al robot, para estirar la cinta.

—¿Cómo tomaríamos la lectura de eso? —preguntó Oscar.

—Apuntando una cámara hacia allá —contestó Lorenzo—. Podríamos tomarla del monitor.

—Podría funcionar —dijo Oscar.

Lorenzo se sonrojó de orgullo. Era raro que elogiaran sus ideas. Estaba acostumbrado a quedarse atrás de su hermano y su padrino, viéndolos dar con las buenas ideas mientras arreglaban autos. Lo único que esperaban de él era que observara en silencio. Ahora tenía la oportunidad de aportar algo, y la sensación era muy grata.

—Pero no funcionará para medir la profundidad —señaló Cristian—. No hay nada en el fondo de la alberca para enganchar la cinta métrica.

Decidieron que necesitaban dos soluciones. La cinta métrica de Lorenzo serviría para medir el largo del submarino, pero les hacía falta otra cosa para calcular la profundidad. Pensaron en una computadora de buceo —tal vez podían pedirla prestada en la tienda para buzos—, pero el margen de error del aparato era demasiado grande para las medidas de precisión que ellos tenían que tomar.

—¿Y una cinta métrica láser? —preguntó Oscar.

Él había trabajado con su hermano en una obra donde vio emplear dispositivos que podían establecer con exactitud una distancia con sólo apuntar un rayo láser a un objeto.

—¿Funcionará bajo el agua? —interrogó Cristian.

Oscar no lo sabía. Nunca había usado una.

—Llámenle a alguien, muchachos —dijo Fredi—. La mejor manera de resolver algo es hablar con un experto.

Lorenzo estaba seguro de que nadie les ayudaría, y era obvio que Luis no iba a hacer ninguna llamada; apenas si hablaba con sus compañeros de equipo. Cristian pensaba poder calcularlo en su tiempo libre. Ésa no era una gran actitud para pedir ayuda, así que Oscar decidió hacerse cargo de la llamada.

Al goglear "cintas métricas láser", encontró rápidamente una compañía llamada Distagage, en Marathon, Florida. Esta compañía se especializaba en láseres que podían leer distancias de hasta cien metros con precisión milimétrica. Algunas unidades podían medir incluso la longitud y pendiente de un techo desde el suelo. La empresa señalaba en su página en internet que su mejor aparato era "usado en todo el mundo por más profesionales de la construcción que cualquier otra marca".

—Debe ser caro —dijo Lorenzo.

Tenía razón. Dependiendo del modelo, cada dispositivo costaba entre 375 y 725 dólares. Parecía absurdo considerarlos siquiera, pero Fredi alentó a Oscar a llamar de todas formas.

—Pide un consejo —le dijo.

Greg De Tray contestó la llamada de Oscar en un condominio lleno de salitre en Miami, Florida. Como había formado recientemente Distagage, seguía trabajando como ajustador de seguros. Estuvo en Nueva York después del 11 de septiembre y puso una oficina en Texas, luego de las grandes granizadas que azotaron a ese estado, y ahora estaba en Florida, colaborando con Allstate en el manejo de una gran erupción de reclamaciones residenciales por salitre. Se especializaba en catástrofes.

—Distagage —dijo, quitándose su mascarilla—, ¿en qué puedo servirle?

De Tray jamás imaginó que terminaría vendiendo telémetros láser. Había comprado uno para él porque los cuartos llenos de moho que inspeccionaba solían ser nauseabundos y causarle dolor de cabeza. Lo último que quería era encaramarse con una cinta métrica sobre muebles húmedos. Un telémetro láser era una solución ideal; no tenía que moverse mucho y podía tomar medidas rápidamente.

Su esposa y su suegra se dedicaban por igual al ajuste de catástrofes, así que decidió comprarles telémetros también a ellas. Pero cuando llamó a Leica, la compañía suiza fabricante del dispositivo, el representante de ventas le dijo que ya no los vendían a personas, sólo a grandes distribuidores.

–Mido 1.82 y peso ochenta kilos —dijo De Tray—. ¿Qué tan grande debo ser?

El representante se rio y le dijo que debía comprar al menos cincuenta. Eso estaba muy por encima de lo que la mayoría de la gente necesitaba. Pero aquel vendedor había subestimado a De Tray, a quien le irritaban las reglas y el pensamiento no creativo; hizo un cheque por diez mil dólares y compró cincuenta aparatos. Ahora, al pasar de un desastre a otro, llevaba consigo un remolque de 1.80 por 3.60 metros cargado de telémetros láser, que vendía a todo aquel que quisiera un dispositivo de medición extremadamente preciso hecho en Suiza.

Sin embargo, nunca había recibido una llamada de un estudiante de preparatoria. Oscar le explicó que formaba parte del equipo de robótica de Carl Hayden en Phoenix, Arizona, y que estaba haciendo un ROV para participar en una competencia patrocinada por la NASA en la que tendrían que medir la profundidad bajo el agua.

–Pensábamos comprar una cinta métrica láser en Home Depot —dijo Oscar.

–No tiren su dinero a la basura —repuso De Tray.

De Tray no creía que ésos fueran telémetros láser de verdad. Tenían un rayo láser, pero sólo para mostrar dónde apuntaban. Hacían la telemetría acústicamente, y solían dar lecturas incorrectas. Esos supuestos telémetros láser daban mala fama a la industria.

–Definitivamente, no compren uno de ésos.

–¿Los telémetros de usted funcionan bajo el agua? —indagó Oscar.

–Buena pregunta.

A De Tray le intrigó este chico del desierto que parecía muy maduro. Él se concebía como alguien dispuesto a correr riesgos (basta pensar en todos los telémetros que acarreaba); era evidente que también esos muchachos estaban corriendo riesgos. Parecían tan dispuestos como él a probar algo nuevo, pese a lo que pensaran los demás, así que ofreció hacer una prueba.

Esa tarde pasó a un Wal-Mart, compró un recipiente de plástico Tupperware y se encaminó a la alberca de su casa dúplex en Pompano Beach. Metió un telémetro en el Tupperware, lo sumergió en el agua y tomó algunas lecturas. No funcionó: el aparato daba una lectura obviamente equivocada. Lo hizo varias veces, pero siguió obteniendo respuestas erróneas.

En la siguiente reunión del equipo, Oscar le volvió a llamar y lo puso en el altavoz.

–Lo lamento mucho, pero no funcionó —dijo De Tray—. Da una lectura incorrecta, aunque al menos es la misma cada vez. La diferencia siempre es de treinta por ciento.

–¡El índice de refracción! —soltó Cristian.

Todos voltearon a verlo.

–¿Qué es eso? —preguntó Lorenzo.

La luz láser está viajando por un medio con una densidad diferente a la del aire —respondió Cristian.

Lorenzo se quedó pasmado, pensando que a veces Cristian hablaba otro idioma.

–Ya veo —dijo Oscar—. Es más difícil que se mueva en el agua que en el aire.

–Sí, se mueve más lento —confirmó Cristian.

–Así que si a las lecturas les quitamos treinta por ciento, tendremos la medida correcta —dijo Oscar.

–Exactamente —remató Cristian.

Podían haber resuelto así el problema de la refracción, pero los aparatos de De Tray seguían costando cientos de dólares. No obstante, estaba impresionado. Esos jóvenes habían resuelto un problema que él no pudo superar, y se suponía que él era el experto. Se contagió de su emoción y decidió ayudar:

–¿Saben qué? Si quieren usar en su robot uno de mis telémetros, se los presto. Les mandaré uno.

Lorenzo se quedó sin habla. Nunca le habían dado nada de valor ni creía que a un desconocido pudiera interesarle ayudarlo.

También Oscar sintió una oleada de gratitud. Tenía una fe fundamental en la humanidad, pese a que hubiera sido puesta a prueba cuando el ejército lo rechazó. Ésta era una señal de que las cosas estaban mejorando.

–Gracias, señor —logró decir, tratando de mantener su emoción bajo control—. Se lo agradecemos mucho.

Era raro que Lorenzo hiciera la tarea. No le veía el caso. Le parecía una labor sin sentido, así que, por regla general, sacaba ochos y sietes. Al comenzar su segundo año, su promedio general era de 2.08, y no le preocupaba demasiado. Se divertía más aprendiendo sobre robots que en sus clases. De hecho, el tiempo que pasaba en el gabinete de robótica lo distraía de sus tareas escolares regulares, así que su calificación de geometría bajó aún más.

Fredi tenía acceso a las calificaciones de los alumnos en la red escolar, y seguía las de los miembros del equipo de robótica. La siguiente vez que vio a Lorenzo le explicó las reglas del equipo:

–Te voy a tener que sacar del equipo si no subes tu promedio.

–¿Qué? —preguntó Lorenzo, sorprendido.

–Te doy hasta el final del semestre; pero si no pasas todos tus cursos, estarás fuera del equipo.

–¿De verdad?

—De verdad.

—¿Y cómo le hago para pasar todos mis cursos? —preguntó.

—Haz tus tareas. Y siéntate hasta delante. Así aprenderás más.

Lorenzo decidió ponerse a estudiar. Se pasó a la fila de delante en la clase de geometría y empezó a hacer preguntas al profesor. Cuando las tareas lo dejaban perplejo, llevaba su cuaderno al gabinete de robótica y le pedía la respuesta a Cristian.

—¡De ninguna manera! —decía éste—. Te enseño la teoría, pero tú tienes que resolverlo solo.

Cristian no era buen maestro. No tenía mucha paciencia cuando se trataba de enseñar cosas que él entendía intuitivamente. Pero Lorenzo resultó ser un alumno perceptivo. Para sorpresa de Cristian, ya sacaba diez en sus pruebas de geometría, y su promedio general empezó a subir.

La segunda tarea de la competencia era medir la temperatura de una fuente de agua fría en el fondo de la alberca. Para encontrar esa fuente, los competidores tendrían que "buscar señales de corrientes ascendentes de baja velocidad"; como si eso fuera fácil de hacer bajo el agua. Una vez localizada la fuente, el ROV tenía que meter un sensor de temperatura en el chorro de agua fría y dar una lectura. El equipo no iba a poder quedarse en el lugar mucho tiempo, así que necesitaba un termómetro capaz de tomar medidas rápidas y precisas.

Oscar rastreó a un proveedor en Stamford, Connecticut, especializado en medición de temperatura. Cuando fue fundada, en 1962, Omega Engineering ofrecía una sola línea de termopares. Ahora contaba con más de cien mil productos, entre ellos instrumentos de sondeo de nombre tan desconcertante como "transductor de velocidad del aire de propósito general" (882 dólares) y "flujómetro electromagnético" (2,500). Era difícil entender todo eso, así que Oscar marcó el número 800 de la compañía y pidió hablar con alguien sobre termómetros. La operadora lo comunicó con Frank Swankoski, ingeniero térmico de la compañía. Swankoski sabía de aplicaciones de termómetros más que nadie. Se pasaba el día entero hablando con contratistas militares, ingenieros industriales y consultores ambientalistas, así que de momento se confundió al oír el agudo acento mexicano de Oscar en el otro extremo de la línea. El chico de diecisiete años quería asesoría para hacer un robot submarino complejo.

Ésta era la segunda llamada de robotistas amateurs que Swankoski recibía en menos de un mes. Semanas antes, estudiantes de ingeniería marítima le llamaron para decirle que iban a entrar al campeonato nacional de ROVs submarinos. Oscar explicó que su equipo participaría en la misma competencia. Se enfrentarían a universidades como el MIT, así que necesitaban toda la información que los expertos les pudieran proporcionar. A Swankoski le gustó la actitud de Oscar. Aquellos universitarios simplemente ordenaron lo que querían y colgaron; Oscar le dijo que ellos no sabían cuál era el mejor método para medir la temperatura bajo el agua y necesitaban su consejo. Oscar activó el altavoz para que todos los demás pudieran oír todo lo que Swankoski decía.

Para él, ésa era una agradable pausa en la diaria faena en la oficina. Además, parecía que esos muchachos realmente querían aprender, así que se embarcó en una explicación a fondo de sus productos, dando detalles como si revelara un pequeño secreto.

—Lo que realmente necesitan —confió— es un termopar con un compensador de conexión en frío.

Swankoski desplegó la ciencia: dos aleaciones distintas se ponen lado a lado, y sus diferentes propiedades conductivas convierten la temperatura en voltaje. Esto es un termopar. El monto de voltaje generado entre las aleaciones es una indicación de la diferencia de temperatura. Estos datos pueden usarse de inmediato para calibrar la temperatura exterior. Ésa fue como una clase de maestría de ingeniería eléctrica y de materiales.

—¡Guau! —dijo Lorenzo, sintiéndose de repente un poco más listo—. Está cabrón...

Oscar preguntó cuánto costaba el dispositivo, y Swankoski le ofreció uno en donación. Quería verlos ganar, y pensó que con su ayuda podrían hacerlo.

—¿Sabes una cosa? —dijo Swankoski—. Creo que ustedes les pueden ganar a ésos del MIT, porque ninguno de ellos sabe de termómetros lo que yo.

Cuando colgaron, Oscar fijó la mirada en cada uno de los miembros del equipo.

—¿Ya vieron? —dijo triunfante—. Somos capaces de hacer que la gente crea en nosotros, ahora sólo falta que nosotros creamos en nosotros mismos.

En noviembre de 2003 —algunas semanas después de que el equipo puso en marcha el proyecto ROV—, Fredi subió en su camioneta a seis de sus alumnos de ciencias marinas y se dirigió al oeste. Si les iba a enseñar sobre el mar, parecía adecuado que lo conocieran en directo. Así, Oscar terminó apretujado en un asiento intermedio con Luis, quien ocupaba la mayor parte.

Oscar no conocía bien a Luis; nadie parecía conocerlo. Su tamaño y mirada inexpresiva convencían a cualquiera de guardar distancia. Pero esta vez Oscar tenía frente a sí un viaje de cinco horas, y a un costado la barriga de su amigo, que ocupaba casi todo el asiento. Decidió entonces ponerse a platicar con él. Con lo que ahorró en la fábrica de colchones, compró un Mitsubishi 3000GT, 1991, auto deportivo de dos puertas del que se sentía muy orgulloso.

—¿Y tú qué carro tienes? —preguntó a Luis.

—Un Camaro RS '89.

¡Caramba! Ése era un carro estadunidense de veras potente, hecho para correr, lo que impresionó a Oscar. Luis se puso a hablar largo y tendido sobre los atributos de su auto: era rojo y tenía un motor TBI V-8 de 3.05 litros. Hablaba con parsimonia, a un ritmo moderado, como si acostumbrara permitir que su tamaño llevara la voz cantante. Pero una vez que empezaba, no parecía tímido. Era como si nunca hubiera dicho mucho, sencillamente porque nadie se lo había preguntado. A Oscar le caía todavía mejor cuando llegaron a San Diego.

El mar fue alucinante para Oscar y Luis. Lo alcanzaron a ver en un viaje previo de ciencias marinas a California. Pero esta vez se metieron, y les sorprendió descubrir que el agua fuera salada. Estaban habituados a lagos y ríos de agua dulce.

Fredi había concertado para sus alumnos una visita a SeaBotix, compañía fabricante de ROVs con sede en San Diego. El presidente de esa compañía, Donald Rodocker, participó en la puesta en práctica del programa de buceo por saturación de la Marina, que permitió a nadadores descender más de trescientos metros usando equipo similar al de los buzos. Tras dejar la Marina, Rodocker promovió, en los años ochenta, la comercialización de ROVs pequeños como el HyBall, esfera amarilla con una sección central de plástico transparente que permitía a una cámara rotar trescientos sesenta grados. Para la comunidad de los ROVs, Rodocker era una leyenda.

Él mismo llevó a los estudiantes al laboratorio de la compañía y les enseñó su vehículo más reciente, un robot color naranja muy compacto llamado LBV, por *little benthic vehicle*. Esta máquina podía sumergirse ciento cincuenta metros y desplazarse bajo el agua a 3.7 kilómetros por hora. El modelo base se vendía a más de diez mil dólares, cifra que aumentaba si se adquirían accesorios.

Pese a su minúsculo tamaño, ese robot tenía que lidiar con un problema endémico de los ROVs: su sonda. Todos los ROVs se comunican con la superficie vía un manojo de cables que permite al operador controlar propelas, sensores y manipuladores. Asimismo esos cables transmiten señales de video e infrarrojas para que el operador pueda ver hacia dónde se dirige el ROV. Normalmente, la sonda también suministra al robot energía eléctrica. Es un gran reto de ingeniería reducir al mínimo el tamaño de esos cables, ya que su diámetro combinado genera resistencia al avance, lo que retarda los movimientos de los ROVs. Ese diámetro representa también un alto riesgo de que la sonda se enganche en algo.

Rodocker era un hombre preciso. Lucía una canosa barba de chivo cuidadosamente recortada, anteojos redondos y una camisa verde a cuadros. Parado a su izquierda, Oscar se maravilló con las instalaciones. Ese lugar era un sueño. En los estantes había agarraderas mecánicas especialmente diseñadas, carretes interminables de cables y alambres y bonitas cubiertas de plástico para el LBV.

Mientras Rodocker hablaba de la fabricación de ROVs avanzados, Oscar se acercó al LBV. Un brazo que asomaba por el frente tenía una pinza capaz de agarrar diversos objetos. Ése sería el instrumento ideal para cumplir dos de las tareas de su misión: recuperar del submarino la campana del capitán y rescatar un "sensor hidrodinámico", en este caso específico, la maqueta de un sonar en el fondo de la piscina. Rodocker habló de los prototipos de la pinza que ellos habían elaborado para llegar al modelo definitivo. Les costó mucho trabajo hacer algo pequeño y funcional.

Animado por sus previas conversaciones con De Tray y Swankoski, Oscar soltó una pregunta que semanas atrás habría sido impensable:

–¿Podría prestarnos uno de sus prototipos que ya no usen?

–Encantado de hacerlo —respondió Rodocker.

En el camino de vuelta a Phoenix, los chicos se maravillaron de su buena suerte. Tenían en préstamo una pinza de vanguardia, de una compañía fabricante de ROVs. Aprendieron que el mar es salado. Oscar y Luis se hicieron amigos muy pronto. El viaje fue un gran éxito.

Pero la ola de calor de la interestatal 10 causó entonces un problema. Cerca de Yuma, Arizona, justo después de salir de California, vieron luces rojas. Los autos se detenían. Una falange de vehículos oficiales portaba el logo de la Immigration and Customs Enforcement. Habían llegado a un control de inmigración.

El latido de todos se aceleró. Luis tenía tarjeta verde gracias a su padre, pero Oscar estaba ilegalmente en el país. Sabía lo que les había pasado a los alumnos de Wilson High en las cataratas del Niágara el verano anterior. Podía ser arrestado y deportado.

–¡Denme sus credenciales de la escuela! —ordenó Fredi—. Y nadie hable aparte de mí, ¿entendido?

Los chicos asintieron y entregaron nerviosamente sus credenciales. Fredi aminoró la marcha y bajó el cristal de la ventanilla. Un oficial le pidió identificaciones. Fredi le tendió las credenciales.

–Estamos en un viaje escolar —explicó.

El agente miró la camioneta; llevaba el nombre de la escuela. Vio a los jóvenes latinos sentados dentro. Oscar se preparó para lo peor. Imaginó que era arrebatado de su familia para tirarlo al otro lado de la frontera. No sabría qué hacer ni a dónde ir.

El agente escudriñó las credenciales y miró de nuevo a los jóvenes. Un momento después, devolvió los documentos.

–Buen viaje —dijo, y los dejó pasar.

Fredi aceleró antes de que el sujeto pudiera cambiar de opinión. Nadie habló durante un rato. De repente, su deseo de conocer el mar y aprender sobre robots pareció absurdo, e incluso imprudente.

Oscar volvió al gabinete de robótica con una mezcla de emoción y temor. La angustia que sintió en el control de inmigración se había disipado, pero la amenaza persistía. Tenía que tomar una decisión. El concurso de ROVs sería en California. Si quería competir, tendría que arriesgarse a otro control.

Tomó una decisión rápida. En el ROTC siguió incontables cursos de cuerda, y de descenso en rapel de peñascos empinados. Aprendió a no permitir que su temor lo controlara. Esta vez era lo mismo. Si quería hacer algo grande, tendría que dejar de lado sus preocupaciones. El equipo ya tenía un termopar, un telémetro y una tenaza negra, imponente, que sólo podía gustarle a un ingeniero. Oscar recogió las piezas y las puso en el modelo de madera.

–Creo que podemos hacer que todo encaje —comentó.

Y dicho eso, dejó atrás el punto de control migratorio.

Cristian y Lorenzo aparecieron pronto, y todos se pusieron a hablar de cómo hacer el ROV. Fredi y Allan sabían que, en años anteriores, otros equipos habían usado metal torneado. Algunas universidades tenían talleres de maquinaria y podían fabricar partes a la medida. Los ROVs de metal torneado tendían a ser más pequeños y compactos, lo que resultaba práctico al momento de explorar espacios submarinos estrechos. Pero Carl Hayden no podía permitirse el metal indispensable para ello ni sus alumnos tenían acceso a un taller de maquinaria. Y aun en caso contrario, nadie sabía operar esas máquinas.

–Deberíamos usar hule espuma flotante con microesferas de vidrio —dijo Cristian, entusiasmado—. Tiene alta resistencia a la compresión. Lo usan en sumergibles.

Lorenzo no sabía qué significaba *sumergibles*. Sin embargo, Cristian había investigado. Había visto *Ghosts of the Abyss*, de James Cameron, documental sobre el viaje de ese director de cine a tres mil quinientos metros de profundidad para visitar los restos del *Titanic*. El equipo de filmación usó dos ROVs dotados de hule espuma con microesferas de vidrio para entrar a los despojos de ese barco. Cristian siguió esa pista para hacer más indagaciones online.

–Consta de microesferas de vidrio incrustadas en una resina epóxica, así que conserva su forma bajo presión sin perder flotabilidad —dijo.

–¡Caray! ¿De dónde sacaste todo eso? —preguntó Lorenzo.

–¿Cuánto cuesta? —inquirió Oscar.

–Dos, tal vez tres mil para lo que necesitamos —respondió Cristian.

–¿Cuánto? —soltó Lorenzo.

Era mucho dinero.

Cristian tendía a pensar en soluciones abstractas, idealizadas. Ellos no tenían esa suma, y todos lo sabían. Su presupuesto total era de menos de mil dólares. El hule espuma con microesferas de vidrio no era una opción.

Una alternativa era el cloruro polivinílico, o PVC. Todos conocían este material. Durante décadas, trabajadores migratorios habían instalado tubos de PVC en todos los campos de cultivo estadunidenses. Jornaleros de México y Centroamérica tendieron kilómetros de ese tubo blanco de plástico para regar campos de fresas y maíz. Esa tubería no tenía la fuerza del metal, pero, al igual que los peones, era de bajo costo, fácil de trabajar y resistente. Esta combinación ayudó a hacer de Estados Unidos un gigante agrícola, así que parecía lógico usarla ahora. Era también lo único que se podían permitir.

–Podemos meter los cables al tubo para que se mantengan secos —dijo Lorenzo—. Y el aire de dentro lo hará flotar.

Parecía una idea que valía la pena poner a prueba, así que Luis fue a Home Depot y compró veinte dólares de tubo PVC Schedule 40 de tres centímetros de diámetro. El tubo Schedule 40 era un subconjunto modesto de PVC, pero con atributos impresionantes. Resistía temperaturas de hasta sesenta grados y podía soportar una presión de setenta y cinco metros bajo la superficie. Ellos descenderían únicamente 4.5 metros, así que eso era más que suficiente para su labor.

Al reunirse en el gabinete de robótica alrededor de los tubos de tres metros de largo, les pareció que era demasiado material.

–Habrá mucho aire ahí —señaló Oscar.

Cristian se puso a hacer garabatos en una hoja y dibujó un boceto aproximado de un ROV. Mientras los demás miraban, calculó el volumen de aire dentro de los tubos y concluyó que necesitaban un poco de lastre.

–¿Es decir algo pesado? —preguntó Lorenzo.

–Sí —dijo Cristian, en un tono que sugería que era obvio lo que significaba lastre.

La solución más sencilla era poner pesas en el armazón para contrarrestar la flotabilidad. Pero las pesas ocuparían espacio precioso en un artefacto ya de por sí repleto de sensores, propelas y una pinza, lo que lo convertiría en un monstruo inmanejable. Peor todavía, tendrían que lidiar con el grueso cable de la sonda que saldría de arriba.

—¡Un momento! —dijo Cristian; se le había ocurrido algo—. ¿Y si ponemos la batería a bordo?

Era una idea audaz. La mayoría de los equipos no considerarían meter al agua su fuente de energía. Una pequeña filtración podría dar al traste con todo el sistema. Pero el certamen requería movimientos ágiles por pasadizos angostos; una sonda delgada sería una ventaja clave. Cristian propuso alojar la batería en un recipiente firme a prueba de agua en la base del ROV, donde estabilizaría la máquina. Una batería a bordo limitaría también la pérdida por transmisión; el voltaje bajaba si tenía que recorrer un cable largo. Si la batería estaba justo a un lado de las propelas, eso dejaría de ser un problema, y no tendrían que tender un cable eléctrico grueso hasta el robot.

—¿Qué piensan? —preguntó Cristian.

—Es una idea cabrona —dijo Lorenzo, el mayor de sus elogios.

Pero Oscar tenía sus dudas:

—Hay una razón por la que los otros no lo hacen.

—Si hacemos lo mismo que todos, terminaremos siendo los últimos, porque ellos ya lo han hecho antes —replicó Cristian.

—Sí, pero si nuestro ROV hace cortocircuito, es un hecho que terminaremos en último lugar —protestó Oscar.

—Bueno... pero si no podemos resolver cómo impermeabilizar un contenedor, no deberíamos estar en un concurso submarino —remató Cristian.

—Tiene razón —dijo Luis abruptamente.

Todos voltearon a verlo. Él les devolvió tranquilamente la mirada. Era como si hubiera hablado el oráculo.

—Está bien —dijo Oscar—. Pongamos la batería a bordo.

Para Lorenzo, el equipo de robótica era como una nueva familia. En cierto sentido, Fredi y Allan eran padres sustitutos de los integrantes, pues los aconsejaban constantemente y los motivaban a mejorar. Para los demás era lo mismo. Se desarrolló un espíritu de equipo. Lorenzo no era el único que ya se sentaba al frente en sus clases; también el resto del grupo adoptó ese método.

–¿Qué caso tiene hacer las cosas mal? —les decía Fredi repetidamente. Los chicos se lo tomaron en serio.

No era una familia perfecta. Cristian tendía a subestimar las ideas ajenas; Oscar no estaba convencido de que Lorenzo fuera de fiar, y Luis mostraba pocas emociones de cualquier especie. Pero al menos escuchaban a Lorenzo, lo dejaban proponer locuras y no le decían que se fuera porque parecía raro. El gabinete de robótica parecía su casa más que su hogar real. Fredi y Allan bromeaban al respecto, diciendo que, de permitírselo, Lorenzo viviría feliz en ese cuarto abarrotado.

Pero tal cosa no era posible. Lorenzo se quedaba lo más tarde que podía después de clases, pero a Fredi y Allan aún les esperaba un viaje de cuarenta y cinco minutos de vuelta a sus familias en East Phoenix. Fredi ya le pedía mucho a Pam; ella era comprensiva con el trabajo de él, pero también necesitaba toda la ayuda posible al cabo de un largo día en casa con sus hijos. Lorenzo solía demorarse hasta que Fredi apagaba las luces y comenzaba a asegurar las puertas.

Los viernes eran los días más difíciles. El papá de Lorenzo comenzaría probablemente a tomar sus Milwaukee's Best, y Fredi y Allan no siempre podían volver a la escuela el fin de semana. Esto significaba dos días de infierno.

La semana en la escuela era sólo un respiro parcial. Lorenzo hacía avances con Cristian, Oscar y Luis, pero el resto de la escuela parecía seguir viéndolo como un fenómeno contrahecho. Él quería verse bien y comenzó a ponerse joyas: dos aretes de oro en la oreja izquierda, una cadena dorada con un medallón y un ostentoso reloj de metal. Pero al pasar junto a los demás en el corredor, seguían riéndose de él. Por un motivo u otro, continuaba siendo un chiste ambulante para sus compañeros.

El hostigamiento aumentó durante su segundo año. Un día, en la clase de salud e higiene, un chico atrás de él empezó a fastidiarlo por su cabello. "Es de niña; parece mujer." Lorenzo lo ignoró, pero de repente sintió un golpe en la nuca; el chico le puso chicle en el pelo. Lorenzo trató de quitárselo, pero no hizo sino pegarlo más. La clase se rio, y él enfureció; tenía chicle pegado en los dedos y el cabello, y oyó a sus compañeros intentando contener sus carcajadas.

Esa noche al llegar a casa, rompió a llorar. Su madre le ofreció cortarle el chicle, la solución más rápida. Pero Lorenzo se negó; no quería que nadie lo obligara a cortarse el cabello. Su mamá consiguió discretamente algo de aceite vegetal y se puso a diluir el chicle. Tardó tres días en quitarlo por completo.

Poco después de ese incidente, Lorenzo volvió desanimado a casa, a causa de otro compañero. Mientras cruzaba el paso a desnivel de la avenida Treinta y cinco, el compañero le preguntó por qué usaba aretes y un reloj tan vistoso. Lorenzo lo ignoró un rato, pero aquél siguió fastidiando. Finalmente, Lorenzo hizo alto y volteó.

—Así soy yo —le dijo.

—¡Pues te ves ridículo! —exclamó el otro.

Lorenzo intentó usar sus técnicas de control del enojo. "Diez, nueve, ocho, siete...", contó al revés.

Sabía que si se volvía a pelear, podrían expulsarlo. Antes no le habría importado, pero ahora quería construir el robot.

El chico detrás de él no paraba. Cuando empezó a mencionar a su madre, Lorenzo se tensó. No podía permitir que nadie insultara a su madre.

—¡Hijo de puta! —dijo el chamaco.

Lorenzo no pudo más y se le fue encima. Logró conectarle unos puñetazos, pero el chico le pegó en la cara, amoratándole un ojo. El tráfico en el puente se detuvo. Alguien separó a los muchachos.

Cuando llegó a casa, su papá le vio el ojo hinchado y exigió saber quién le había pegado. Lorenzo no le quiso decir.

—Dime para patearle el culo —le dijo.

Eso era lo más que su papá había ofrecido hacer por él en mucho tiempo. Lorenzo sintió un torbellino de emociones. No quería meterse en problemas, pero al menos su papá se mostraba preocupado cuando lo hacía. Tal vez si él peleaba más, su papá le pondría más atención, pues su interés en la robótica no parecía importarle. Lorenzo se preguntó si quería ser diferente a como era. A lo mejor estaba destinado a ser un inmigrante pobre que tenía que abrirse paso por la vida a golpes.

La noticia de la pelea se extendió en la escuela al día siguiente, y Lorenzo fue llamado a la oficina del director, Steve Ybarra. Éste le había advertido que no volviera a pelear, así que tenía la opción de expulsarlo.

Lorenzo no supo qué decir o cómo actuar. Sencillamente se sentía desorientado.

—Lo siento —fue todo lo que pudo decir.

Ybarra sabía que si lo echaba, terminaría en una pandilla. Si le permitía quedarse, podría seguir trabajando en el equipo de robótica. El apoyo de sus maestros —y de Fredi en particular— podía hacer cambiar al muchacho. Ybarra decidió correr el riesgo y envió a Lorenzo a una segunda ronda de cursos de control del enojo.

Fredi lo buscó entre clases ese mismo día.

—Ven conmigo —le dijo enojado.

Lorenzo lo siguió obediente al gabinete de robótica.

—Tienes que parar esto —le dijo.

—¿Qué podía hacer? ¡Insultó a mi madre!

—A mí también me pegaban cuanto estaba en la prepa —le dijo

Fredi, recordando los primeros años ochenta, cuando se le agredió por ser iraní. No era un recuerdo agradable.

–¿De veras?

Lorenzo no podía imaginar siquiera que una figura de autoridad como Fredi fuera objeto de ataques.

–Quieren hacerte enojar. Así que si les das ese gusto, ellos ganan.

Para Fredi, ésa era una batalla por el futuro de un chico inusual pero talentoso. Apreciaba las ideas poco convencionales de Lorenzo, y sentía que el necio de cabello largo tenía verdadero talento. Pero Lorenzo estaba atrapado por la tracción de la pobreza y las bajas expectativas. Eran fuerzas poderosas contra las cuales debía lidiar. No era difícil imaginar que Lorenzo podía desertar, y después no tendría más oportunidades. Enredarse con la WBP, la pandilla de sus primos, era una opción obvia.

Fredi también fue un chico excéntrico alguna vez. Quiso hacer aerodeslizadores, y no se entendió con sus padres. Cuando estaba en la universidad, tomó un curso de verano de física en un tecnológico local. Ali, su hermano menor, ya era entonces un excelente estudiante en la University of California, campus San Diego, y se burlaba de él por asistir a una escuela que consideraba inferior. Fredi le advirtió insistentemente que parara. Pero como la burla persistió, terminó golpeando a su hermano en la cara, sacándole sangre de la nariz.

Así que podía entender cómo se sentía Lorenzo. También sabía que el enojo rara vez da resultados positivos. Los hermanos dejaron de hablarse un año entero después de ese altercado. Fredi no quería eso ni que Lorenzo cometiera los mismos errores.

Decidió ofrecerle una solución novedosa:

–La próxima vez que alguien quiera pelear contigo, finge tener un ataque —Fredi simuló un ataque, contorsionándose y agitándose violentamente—. Así.

Lorenzo esbozó una sonrisa pícara. La imagen de su maestro retorciéndose en el suelo para librarse de una pelea lo hizo reír. Solía sentirse la persona más rara del salón, pero ahora Fredi le disputaba el título.

–Tienes que hacer algo al respecto, ¿de acuerdo? —le dijo.

El humor le quitó a Lorenzo un peso de encima. Se dio cuenta de que jamás sería el peleonero que su padre quería. No podía ser más que lo que ya era: un chico amable con una perspectiva heterodoxa. Una perspectiva que se ajustaba a la perfección a la de Fredi.

–Lo digo en serio —dijo éste—. Revuélcate en el suelo. Te dejarán en paz.

–Está bien —dijo Lorenzo.

Ambos estallaron entonces en una risa de verdad. La sensación fue formidable.

La tercera tarea del ROV sería la más difícil. Según el libreto, el submarino se hundió con trece misteriosos barriles a bordo. Estos barriles, explicaban los organizadores, tenían una fuga, lo que planteaba un "riesgo ambiental" que debía evaluarse rápidamente. Los robots tendrían que localizar el barril en cuestión, insertar una sonda en un tubo de media pulgada y extraer una muestra del contenido de quinientos mililitros, todo ello mientras permanecían bajo el agua. Oscar y Cristian estaban seguros de que esa tarea era imposible, así que la asignaron a Lorenzo. Si él fallaba, suponían que no importaría gran cosa, porque, en primer término, tal vez aquella labor fuera irrealizable. Esto permitiría al resto del equipo concentrarse en metas más sencillas.

Los otros equipos de la categoría Explorador aplicaron mucha habilidad ingenieril en el problema de la obtención de la muestra. El MIT consideró usar contenedores al vacío y una jeringa activada por tuerca antes de decidirse por una serie de cámaras de aire sumergibles unidas por una válvula T. Por su parte, la Lake Superior State University usó un innovador sistema de doble bombeo, mientras que el Long Beach City

College empleó una válvula solenoide de tres pasos. Lorenzo, abandonado a su ingenio, decidió usar un globo.

El humilde globo tenía muchas cosas a su favor. A diferencia de un recipiente rígido, no guardaba aire al desinflarse, así que no incrementaría la flotabilidad. Otros equipos intentaron usar recipientes rígidos de los que era preciso extraer el aire con aspiradora. Lorenzo no llegó siquiera a ese nivel de complejidad. Un globo era flexible, podía dilatarse y contraerse fácilmente y no costaba casi nada. No había razón para considerar algo más complicado.

El siguiente problema era cómo succionar el líquido. Fredi sugirió usar una bomba de sentina. Bombas de ese tipo solían instalarse en los sótanos subterráneos. Si la casa se inundaba, la bomba sumergida podía descargar el líquido, así que él sabía que funcionaban bajo el agua. Le preocupaba que costaran mucho, pero en una excursión a Home Depot con Lorenzo encontró una bomba chica de doce volts a treinta y cinco dólares. Por su parte, Lorenzo consiguió tubos angostos de cobre por dos dólares.

De vuelta en el gabinete de robótica, se puso a experimentar. Pegó accesorios de PVC en cada extremo de la bomba. Uno de ellos reducía la sección de la toma al tamaño del tubo de cobre. Luego insertó el tubo, tras de lo cual lo pegó en su sitio en el robot, doblándolo para que sobresaliera al frente como la probóscide de una mariposa.

Tiró del globo en el otro extremo de la bomba. Al conectarla, ésta sorbió quinientos mililitros de agua en veinte segundos. Funcionó a la perfección, salvo que el peso del agua hacía que el globo se venciera. Esto no ocurriría bajo el agua —el globo no se caería bajo la superficie—; pero al sacar el ROV para rescatar la muestra, el globo se haría de lado, se soltaría de la bomba y regaría la muestra por todas partes.

Lorenzo intentó fijar el globo de varias maneras, pero siempre se caía como un borracho que pierde el equilibrio. Al hacerlo, se soltaba, chorreando agua por doquier, y Lorenzo tenía que trapear. Esto se estaba volviendo vergonzoso, y Lorenzo ya era muy vulnerable a la burla.

A Fredi le inquietó que si el equipo se reía de sus errores, él se daría por vencido.

—Vas bien —le aseguró—. Ya estás cerca...

Lorenzo asintió. No estaba seguro de haber estado cerca de cualquier cosa excepto de un par de zapatos empapados, pero las palabras de Fredi lo hicieron sentir un poco mejor.

—Tal vez sería útil hacer algo que lo sostenga —dijo Lorenzo.

—Haz la prueba —comentó Fredi.

Lorenzo rescató de la basura un envase de Coca-Cola de un litro y lo cortó a la mitad con la sierra. Volteó la parte superior y la puso en la bomba como una especie de manopla para el globo. Éste se llenó entonces dentro de tal recipiente, que resultó muy chico. Al dilatarse, el globo se desbordaba del envase y se desprendía de la bomba, salpicando agua en todas direcciones.

—Prueba con algo más grande que un envase de Coca —dijo Fredi, mientras Lorenzo arrugaba la frente—. Vas muy bien.

Al día siguiente, Lorenzo apareció con un bote de un galón de leche. Fredi lo vio partirlo a la mitad, fijarlo en la bomba y encender veinte segundos el sistema. El globo se llenó de agua y se acomodó en el bote. Lorenzo apagó la bomba. El globo se mantuvo en el recipiente, el cuello bien fijo en la bomba.

Fredi quedó impresionado. Era una solución práctica, barata e ingeniosa. Al principio dudó de que Lorenzo lo consiguiera. Ahora que lo había hecho, lo invadió la emoción. Parecía posible que el muchacho tuviera éxito después de todo.

—Lo lograste —le dijo, palmeándole el hombro.

Lorenzo respondió con una sonrisa enorme.

—Sí, lo logré.

"¿Qué es eso?", preguntó la madre de Lorenzo. Sostenía una carta en inglés y quería saber qué decía. Lorenzo le echó un vistazo en la sala, mientras su mamá esperaba; era una notificación de embargo. Su madre acababa de perder su empleo limpiando cuartos en Days Inn, y su padre seguía consumiendo paquetes de Milwaukee's Best con regularidad.

–La carta dice que van a perder la casa, tienen que evacuarla en treinta días —dijo Lorenzo.

Cuando él tenía nueve años, su familia juntó con dificultad un magro enganche para comprar la casa. La hipoteca era de unos seiscientos dólares al mes. Su mamá insistía en que la pagaba, pero no tenía comprobantes que lo confirmaran. Lorenzo no sabía a quién creerle. Sintió sencillamente que cuando las cosas empezaban a mejorar, siempre pasaba algo que lo ponía otra vez en su sitio.

Revisó la correspondencia y tropezó con una carta de un agente inmobiliario que promovía su habilidad para evitar desalojos. Lorenzo le llamó, y el tipo pareció decente. Dijo que hablaría con el banco y trataría de llegar a un arreglo. Lorenzo se dio permiso de sentir un poco de esperanza, y rezó para que el agente no resultara un estafador.

Oscar y Luis se ocuparon del problema de qué propelas utilizar. Parte del reto era saber cuántas necesitarían y cómo ponerlas. No debían ser demasiado potentes. De hecho, entre más energía consumieran los motores, más pronto se consumiría la batería a bordo. En principio discurrieron que tendrían que poder avanzar, retroceder, subir y bajar.

–Debería bastar con tres motores —dijo Oscar—. Dos horizontales para la marcha y uno vertical para subir y bajar.

–¿Y si necesitamos agacharnos para recoger algo? —retumbó Luis.

–Tienes razón.

Entre más hablaban, más complejo les parecía el asunto. El robot debía ser capaz de inclinarse al frente si querían que el brazo mecánico levantara el sensor hidrodinámico de la campana del capitán. En el submarino, el robot tendría que moverse a los lados, y esto requeriría otro motor. Concluyeron que la maniobrabilidad era crítica y decidieron que necesitaban en total cinco motores.

Fredi les sugirió emplear motores de arrastre, de uso en lanchas pesqueras que tenían que desplazarse en silencio. Él no era un gran pescador —no tenía tiempo para eso—, pero había visto esos motores y sabía que eran eficientes y tan pequeños como para caber en el bastidor de PVC. Por lo general propulsaban lanchas de aluminio y no tenían fama de potentes. Pero en asociación con un ROV relativamente ligero, brindarían un brío enorme.

Oscar gogleó "motores de arrastre" y encontró una compañía llamada Mercury Marine. En el teléfono de Fredi, en el salón de ciencias marinas, marcó el número 800 respectivo y lo pasaron con Kevin Luebke, uno de los gerentes de promoción de esa empresa. Normalmente, Luebke regalaba motores a los ganadores del Bassmaster Classic, gente a la que le gustaba hablar de señuelos y escolleras en aguas poco profundas. Oscar tuvo que explicar que no eran pescadores, sino estudiantes de preparatoria que competirían en un concurso de robots submarinos.

Atraído por la idea, Luebke aceptó de inmediato venderles, con descuento, cinco motores. El costo habitual de los motores MotorGuide era de cien dólares; Luebke los rebajó a setenta y cinco cada uno. A un total de trescientos setenta y cinco, seguían siendo buena parte del presupuesto del proyecto, pero era esencial una propulsión confiable.

Cuando llegaron por correo, Oscar y Luis sacaron de la caja los motores con todo cuidado. Fue como recibir un regalo de Navidad, que volvía aún más concreto el proyecto. Eran negros y relucientes y tenían dos aspas amenazadoras.

La pregunta siguiente era cómo acomodarlos. A sugerencia de Fredi, Oscar y Luis llenaron de agua una pileta de ciencias marinas en la que dejaron caer una pequeña pieza de madera. Se turnaron moviéndola con los dedos, y vieron que, si la empujaban en un ángulo de cuarenta y cinco grados, podían hacer girar la madera mucho más rápido que si la empujaban directamente desde atrás. Sin darse cuenta, habían descubierto los principios del torque, o esfuerzo de torsión. El resultado de su experimento de pequeña escala en la pileta: una máquina capaz de rotar en torno a un punto central con poca desviación.

Dado su limitado presupuesto, decidieron que no podrían hacer una caja protectora a prueba de agua para el control del robot. En una tienda de electrónica local encontraron en cambio un descontinuado maletín de plástico, supuestamente contra agua hasta los quince metros. Además, costaba ciento veinte dólares, una verdadera ganga. Como la profundidad de la alberca de Santa Bárbara no sería mayor de 4.5 metros, supusieron que con eso bastaría. Lo compraron, le hicieron un orificio en el costado de los cables, lo hundieron y sumergieron todo el armatoste en una de las piletas grandes del salón de ciencias marinas. Funcionó bien, al menos en una pileta.

Cristian hizo un detallado diagrama del ROV, que incluía el largo de cada segmento de tubo PVC que necesitarían. Como el tubo tenía tres metros de largo, sería necesario cortarlo en piezas. Habían comprado un cortatubos, pero Cristian descubrió que no lo podía manejar. El tubo era demasiado grueso, y él no lo bastante fuerte.

—¡Con ganas! —se burló Lorenzo—, aprieta esa cosa.

—Prueba tú —le dijo Cristian, pasándole el cortatubos.

—Déjame enseñarte —le dijo el otro—, te mostraré cómo se hace.

Lorenzo sujetó la cosa, pero apenas si podía moverse. Intentó sentarse en ella ("Eso no se vale", reclamó Cristian) y golpearla contra la pared ("¡Vas a destruir el muro!", gritó Fredi) hasta que por fin consiguió atravesar el tubo, empeñando todas sus fuerzas.

—Te dije que estaba duro —dijo Cristian, sintiéndose reivindicado.

–Déjenme probar.

Oscar tomó el cortador de manos de Lorenzo, mientras Luis observaba al otro lado del aula con una sonrisa de desconcierto. Forzándose al máximo, Oscar cortó una pieza luego de batallar cinco minutos. Lo logró —apenas—, pero las manos le dolieron después y tenían que producir unas ochenta piezas. Todos voltearon a ver a Luis.

–¿Quieres hacer un intento? —preguntó Oscar.

Luis avanzó pesadamente y tomó el cortador de manos de Oscar. Metió un tubo y lo rebanó, cortándolo con un movimiento suave. Todos lo miraron sobrecogidos.

–Es como mantequilla —dijo.

Tardó dos días en cortar todas las piezas. Mientras rebanaba una tras otra, Oscar, Lorenzo y Cristian unían las secciones, sin pegarlas, para confirmar que ajustaran. Luis se esmeró en medir las piezas antes de seccionarlas, pero resultaba difícil que salieran a la medida con un cortador manual. Una vez que terminó, pusieron la última pieza y dieron un paso atrás para contemplar su creación. Era una estructura de plástico blanco ligeramente torcida.

–Se ve bien —dijo Allan, entusiasmado.

–Muy bien —coincidió Fredi.

En realidad, parecía una porquería, pero había potencial.

Un mes después de que los alumnos iniciaron el proyecto ROV, Dean Kamen convocó a su desafío robótico anual. El reducido equipo que trabajaba en el ROV era sólo una parte del grupo de robótica de Carl Hayden, de veintitantos integrantes. Para este grupo, el evento de Kamen era el foco principal de atención. Para Oscar, Luis, Lorenzo y Cristian, participar en él sería una oportunidad para pulir sus habilidades en tierra, vivir una competencia real y fijarse en el trabajo en equipo. Así, decidieron sumarse a sus compañeros en el desafío de Kamen.

Éste prometía ser divertido. Kamen había tramado una especie de basquetbol para robots. Invitó a los estudiantes a hacer una máquina que pudiera llegar a la mitad de la cancha y recoger varias pelotas. En una parte del juego, las máquinas correrían en forma autónoma. El resto del tiempo los chicos manejarían sus robots desde atrás de un muro de acrílico de tres metros de alto. La meta era meter las pelotas en una canasta elevada, una mezcla de basquetbol y guerra de robots, ya que las máquinas rivalizarían en una carrera en pos de las pelotas. Al final del juego, los equipos podían ganar puntos extra si su robot era capaz de alzarse sobre el suelo en una barra elevadora.

La organización de Kamen envió a los equipos participantes una caja de provisiones para arrancar la hechura del robot. La parte más importante era un controlador para éste, un cuadro negro compacto pero versátil que contenía todos los procesadores, conexiones y controles de radio necesarios. Asimismo, incluía un procesador programable capaz de manejar diez millones de instrucciones por segundo, que podía comunicarse vía un cable o radio. Pesaba poco más de doscientos gramos y era del tamaño de una mano.

Una de las primeras cosas que el equipo de Carl Hayden tuvo que aprender fue a soldar. Para hacer un robot hay que conectar cables, así que Fredi y Allan les enseñaron todos los trucos de soldadura que debían conocer: cómo "emplomar la punta", en qué forma aplicar la soldadura a los cables y por qué no aplicarla al cautín. Luego de varias sesiones de práctica, los chicos estaban lejos de ser expertos, pero ya podían forjar conexiones básicas.

Aun así, había una gran diferencia entre soldar una conexión y hacer un robot completo. La idea de ensamblar un robot capaz de jugar basquetbol era más intimidatoria aún.

—¿Y si no seguimos las reglas del juego? —sugirió Lorenzo.

Como de costumbre, sus ideas parecían ridículas al principio. Los demás indicaron que la competencia consistía precisamente en cumplir las reglas del juego, incluso si era difícil hacerlo.

—Pero ¿y si sólo hacemos lo último? —preguntó Lorenzo—. ¿Que el robot suba y nada más?

La idea tenía cierto mérito. Mientras los otros competidores corrían tras las pelotas, el equipo de Carl Hayden podía tener una clara oportunidad en la barra de ascenso. Un robot que se elevara por sí mismo ganaría cincuenta puntos, el equivalente a recoger diez pelotas chicas. Además, de esa manera podían impedir que otros competidores llegaran a la barra.

Fredi y Allan juzgaron que era un enfoque inteligente. Sería difícil hacer un robot ofensivo en el mismo nivel que los equipos que ya llevaban años participando en el programa FIRST. Pero estaban seguros de que los muchachos de Carl Hayden podrían hacer un robot que hiciera un solo levantamiento. Después de todo, Oscar hacía docenas de ellos al día. Él podía servir de modelo.

Hicieron un bastidor de fibra de vidrio y le pusieron cuatro ruedas. No había necesidad de que fuera más complicado; tenía que avanzar apenas poco más de seis metros hasta la barra de ascenso. Sujetaron un gancho en lo alto de un palo de escoba y conectaron éste a un pequeño motor que lo alzaba tres metros en el aire. El gancho estaba atado a una cuerda. Cuando el palo subía y se enganchaba en algo, ellos activaban un torno que arrastraba al robot a las alturas.

Llegaron a las eliminatorias regionales de Arizona, en el Veterans Memorial Coliseum, el 11 de marzo de 2004. Muchos de los treinta y cinco equipos adicionales hacían alarde del tipo de capacidades técnicas con las que Cristian soñaba. Podían lanzar pelotas al aire, y hasta hacer que sus robots operaran de manera autónoma. En comparación, el robot de Carl Hayden era un mero palo de escoba sobre ruedas.

Tuvieron problemas desde el principio. En la ronda inicial, la cadena del robot se soltó y cayó en la cancha. Mientras otros robots se desplazaban a toda velocidad, la máquina de Carl Hayden permanecía inmóvil. Cuando terminó esta ronda, el equipo empujó su robot de vuelta al "pit", un área detrás de la cancha donde estaban sus herramientas.

Se concentraron en el problema; tenían sólo cuarenta y ocho minutos hasta la ronda siguiente, y no había tiempo para desarmar el robot. El equipo decidió reparar la cadena quirúrgicamente, y siete de sus miembros se dedicaron a quitar y levantar varias partes. Cristian sintió un escalofrío mientras todos metían las manos en la máquina. Era como un juego de Twister perfectamente coreografiado.

Funcionó. El equipo de Carl Hayden logró poner la cadena de nuevo y regresó rodando a la cancha. Al comenzar la siguiente ronda, su robot avanzó directo a la barra de ascenso, mientras otros correteaban tras los balones. Lorenzo movió el interruptor que activaba el motor de la escoba. El palo salió disparado y ensartó el gancho en su sitio. Un momento después, el robot colgaba por encima del suelo. Esto no garantizaba la victoria —otros equipos podían obtener más puntos recogiendo pelotas—, pero ellos terminaron ganando tres de las nueve rondas, y empatando dos. Esto bastó para otorgarles el lugar veintiuno entre treinta y seis equipos. Su entusiasmo —si no es que su sofisticación técnica— impresionó a los jueces, quienes concedieron al grupo de Carl Hayden el premio Inspiración de Ingeniería, en reconocimiento a su "éxito en la promoción del respeto y aprecio por la ingeniería en su escuela y su comunidad". Pero, sobre todo, no terminaron últimos.

Cuando regresaron a sus asientos en las tribunas, Fredi y Allan les tenían una buena noticia.

—¿Saben qué? —dijo Allan, zumbando de animación—. Ese premio los califica para el campeonato nacional. ¡Irán a Atlanta!

Cristian y Lorenzo se quedaron atónitos, y no porque no estuvieran emocionados —lo estaban—, sino porque no sabían dónde quedaba Atlanta. Cuando Fredi les dijo que tendrían que volar, sintieron una mezcla de emoción y nerviosismo. Ninguno de los dos había subido nunca a un avión.

Al llegar a casa, Cristian le dio la noticia a su madre. Leticia no mostró entusiasmo; no quería que su hijo viajara luego de lo que les había ocurrido a los estudiantes de Wilson High en las cataratas del Niágara. Era un riesgo innecesario, y le dijo que no podría ir.

Cristian se puso furioso. No iba a permitir por ningún motivo que un robot a cuya hechura había contribuido viajara al campeonato nacional sin él. Le pidió a Fredi que hiciera algo, y éste llamó a la casa Arcega. Explicó que era también entrenador de atletismo y que llevaba años viajando con sus pupilos sin que pasara nada. Nunca había tenido problemas, y confiaba en que las cosas siguieran así. Mencionó igualmente que Cristian se había convertido en un miembro importante del equipo. Lo necesitaban.

Leticia no cedió, así que Fredi probó una táctica distinta. Señaló que si Cristian quería encontrar un empleo en ingeniería, ésta era una manera excelente de sentar las bases para ello. Los ingenieros eran muy demandados y ganaban mucho dinero. Competir en un campeonato nacional de robótica era una experiencia valiosa que abriría nuevas oportunidades. Esto tuvo eco en Leticia, quien por fin, aunque de mala gana, dio su aprobación.

Cinco semanas después del evento regional, los adolescentes de Carl Hayden abrocharon sus cinturones de seguridad en su vuelo al este. Mientras el avión se dirigía a la pista, vibró. Annalisa Regaldo, estudiante de segundo año sentada junto a Lorenzo, le dijo a éste que ese ruido era mala señal:

–Creo que nos vamos a estrellar.

Lorenzo se alarmó.

–¿De verdad?

Miró a su alrededor buscando una salida, y Annalisa echó a reír. Sólo estaba bromeando.

Lorenzo no apreció el chiste. Estaba convencido de que no entendía a las mujeres, y esto no hizo más que reforzar esa impresión. Decidió no despegarse de Cristian, Oscar y Luis.

En cambio, Oscar era un caballero natural. En su primera noche en Atlanta, los jóvenes bajaron a escondidas a la alberca del hotel, donde se pusieron a jugar. Una chica resbaló en la superficie mojada, se golpeó la cabeza en el borde de la piscina y cayó al agua. Mientras los demás la veían sumergirse, Oscar se zambulló y la sacó. La llevó con otros más a su habitación y permaneció a su lado hasta estar seguro de que ella se encontraba bien.

Al iniciarse la competencia en el descomunal Georgia Dome, el robot de los muchachos de Carl Hayden pareció tan azorado como ellos ante el lugar donde estaban. En uno de los primeros episodios, se paralizó en medio de la cancha. Imaginando todas las causas probables, Cristian supuso que la batería no estaba bien puesta.

Pidió ayuda a otro equipo.

—¿Nos dan un empujón? —preguntó a gritos.

—¿Qué? —dijo el piloto vecino.

—Péganos lo más fuerte que puedas.

El piloto accedió, chocando contra el robot de Carl Hayden. Sorpresivamente, esto surtió efecto; las conexiones de la batería se ajustaron y el robot comenzó a rodar hacia la barra de ascenso.

Lorenzo silbó y palmeó a Cristian en la espalda.

—Eso fue *fregtástico*.

—¿Y eso qué significa? —preguntó Cristian.

Lorenzo sonrió.

—Fregón y fantástico.

Era raro, pensó Cristian, pero a veces Lorenzo también podía ser muy simpático.

Al final de cada jornada, Fredi y Allan convocaban a una reunión de equipo en su cuarto de hotel. Analizaban todo —desde la forma en que Luis sacaba el robot de su caja hasta la contienda misma— y preguntaban a los muchachos qué había marchado bien y qué se debía hacer mejor. Los maestros alargaban deliberadamente las reuniones. Querían que los estudiantes aprendieran lo más posible de la experiencia, pero también agotarlos. La meta: cansarlos tanto que se fueran directo a dormir y no causaran problemas tonteando toda la noche. Esa reunión era, en esencia, un cuento para antes de dormir. Fredi se extendía en minucias hasta que veía muchos ojos cerrarse. Entonces los maestros mandaban a todos a acostar.

Aunque el equipo terminó en un sitio intermedio en su división —el treinta y nueve entre setenta y tres participantes—, el resultado no fue malo para un conjunto novato, y distaba del último lugar. Más todavía, el grupo se divirtió. Tras la ceremonia de clausura, Fredi y Allan llevaron a sus integrantes de paseo al centro de Atlanta. El clima era cálido y bochornoso, pero ellos se sentían de maravilla. Posaron para la foto haciendo músculos, y Oscar organizó una pirámide humana de tres pisos en una plaza pública. Lorenzo subió al segundo piso con una sonrisa inmensa. Se sentía parte de un grupo de superhéroes. Oscar había hecho en el ROTC este tipo de ejercicios de consolidación de grupos. Ahora formaba un nuevo equipo.

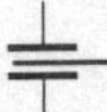

Después de Atlanta, los chicos tenían diez semanas hasta el campeonato de ROVs. Su experiencia de hacer un robot terrestre resultó crucial cuando se pusieron a armar su vehículo submarino. A gusto con el controlador de FIRST, decidieron usarlo como el cerebro de su ROV. Como ya sabían soldar, pudieron conectar las propelas y cámaras al controlador. También viajaron y compitieron juntos e inventaron un argot al hablar. Las pinzas de corte diagonal eran *diques*, los conectores eléctricos *Andersons* y el tubo PVC *codos* y *tes*.

Para Lorenzo, ése era como un nuevo caló. El grupo le ofrecía también algunos beneficios parecidos a los de pertenecer a una pandilla. Ahora que andaba con Luis en el campus, vio que ya casi nadie se burlaba de él. Pocos querían hacer enojar a alguien de las dimensiones de Luis, así que el ridículo se disipó. Esto le dio a Lorenzo cierto espacio para saber con quién quería estar en vez de actuar en respuesta a los insultos.

Una de las cosas que más le gustaban, aparte de la robótica, era ver cocinar a su madre. Le encantaban los olores punzantes del chile ancho, frito, con rebanadas de cebolla y el vapor burbujeante de los frijoles al hervir. Ella no compraba chile en polvo en la tienda; lo molía con molcajete y tejolote y hacía una salsa picante con la pulpa. Esto era en cierto modo reconfortante, una de las pocas cosas que parecían confiables y alentadoras en su vida, e hizo que Lorenzo quisiera aprender a cocinar. El equipo de robótica le estaba enseñando que en el mundo había muchas cosas que él no conocía. Lo mismo debía ser cierto acerca de la comida.

Lamentablemente, Carl Hayden tenía un único y deslucido curso de cocina. Entre otras cosas, los instructores enseñaban a los estudiantes a usar el horno de microondas para hacer un pastel de harina preparada. Esto no impresionó a Lorenzo. La Metro-Tech High, también en West Phoenix, impartía un curso mejor. Tenía una cocina de verdad y un restaurante propio fuera de la escuela. Lorenzo le dijo a Fredi que estaba pensando cambiarse. Le gustaba la robótica, pero también le atraía cocinar. Era un dilema difícil.

—¿Por qué tiene que ser un dilema? —preguntó Fredi. Lorenzo comenzaba apenas a crearse una vida nueva. Fredi temía que, si dejaba la robótica, esa base se vendría abajo—. ¿Por qué no asistes a la escuela de cocina en el verano?

—Porque eso cuesta dinero.

—¿Cuánto?

—Mucho —respondió Lorenzo—. Como cuatrocientos dólares.

—Déjame ver qué puedo hacer.

Una semana más tarde, Fredi le dijo que no se preocupara por el costo del curso. Allan y él lo cubrirían.

—Toma el curso de verano y quédate aquí —le dijo.

Aunque ninguno de los dos maestros nadaba en dinero —el salario docente promedio en ese distrito era de treinta y cinco mil dólares—, no querían que Lorenzo se marchara.

Para él fue toda una sorpresa. Aún contaba la Big Mac que Fredi le había comprado cuando estaba en primero como una de las cosas más generosas que alguien hubiera hecho por él. Pero éste era un nivel de generosidad completamente nuevo.

—¿Estás seguro? —preguntó Lorenzo.

—Sí —contestó Fredi—. ¿Dónde estaríamos sin tus ideas locas?

—Practiquemos hasta que nos salga sin pensar —dijo Oscar.

Había llegado el momento de pegar el robot, y una vez adheridos sería difícil, si no es que imposible, hacer cambios en los tubos PVC. Ellos disponían de una sola oportunidad de pegar todo, y debían hacerlo correctamente. Oscar quería que el procedimiento fluyera como una operación militar precisa. Para él, la pirámide en Atlanta había sido sólo el principio. A lo largo de sus cuatro años de preparatoria había entrenado incesantemente a su equipo del ROTC: lagartijas al unísono, marcha cerrada, salto en conjunto. Ahora destinaba esa instrucción a Lorenzo, Cristian y Luis. Quizá ellos no eran buenos candidatos a las fuerzas especiales, pero Oscar había interiorizado el lema del ejército de "Sé todo lo que puedas ser".

Bajo su supervisión, el equipo armó el robot sin pegarlo, uniendo las piezas en seco.

—Hagámoslo otra vez —dijo Oscar—. El pegamento seca pronto, así que tenemos que actuar rápido.

Desarmaron y volvieron a ensamblar el robot en repetidas ocasiones. Siempre terminaban en la punta, dejando espacio suficiente para el maletín negro. Al principio tardaron una hora, pero la práctica los agilizó, hasta que pudieron hacerlo, sin errores, en veinte minutos.

Fue un ejercicio agridulce. El año escolar se acercaba a su fin, y Oscar y Luis se graduarían justo antes de la competencia en Santa Bárbara. Ellos sabían que cuando pegaran el robot y concluyeran la competencia, sus años de preparatoria habrían terminado. Ya eran mayores y debían saber qué harían con su vida. Luis tenía tarjeta verde; podría seguir trabajando como cocinero de platillos sencillos, aunque ya llevaba años haciendo lo mismo. Sentía que su diploma debería significar algo.

Oscar enfrentaba un problema similar, aunque más agudo. No tenía permiso de residencia ni podía obtener un empleo legal. Lo más que podía esperar era convertir un trabajo de obrero en algo más estable. Era difícil imaginar que podría hacer una vida sobre un fundamento tan frágil.

Aun así, el solo hecho de graduarse fue un logro que significó mucho para ambas familias. Ni los padres de Oscar ni los de Luis recibieron un diploma de preparatoria, de manera que ése fue un momento importante en su vida. Ambos adolescentes vistieron toga y birrete y subieron al podio a recibir su certificado. Posaron para la foto y sonrieron felices. La hermana de Oscar hizo un pastel. La mamá de Luis hizo birria. Eso fue lo único que pudieron permitirse, pero todos estaban muy contentos. Aquel día fue un signo de que los jóvenes podían lograr cosas que la generación anterior no había alcanzado.

Con la graduación atrás y el concurso a un par de semanas de distancia, era hora de pegar el robot. Lorenzo llegó con bocadillos, directo de su curso de cocina. Se sentía obligado a llevar sus creaciones al gabinete de robótica, ya que Fredi y Allan habían pagado el curso, pero nadie estaba preparado para el aroma de una gruesa salchicha polaca de color ocre.

—¿Qué es eso? —preguntó Oscar.

—Kielbasa —respondió Lorenzo con orgullo—. Y sauerkraut.

—Haz cocina mexicana para que podamos comer algo —dijo Cristian.

Esta vez, la conversación fue amistosa, no ríspida, y Lorenzo rio con los demás. Por primera vez en su vida, sentía que tenía un verdadero grupo de amigos.

—Estoy desarrollando sus papilas gustativas —les dijo.

Oscar dio una mordida cautelosa, y pronto la salchicha se había terminado.

–Estaba muy buena —admitió Oscar—. Pero pongámonos a trabajar.

Habían practicado durante semanas el montaje de los tubos de plástico, bajo supervisión de Oscar. Ahora tenían que hacer buen uso de sus ensayos. Pusieron las piezas en una mesa del gabinete de robótica y abrieron un envase metálico de Christy's Red Hot Blue Glue. En realidad no fue necesario calentar el pegamento; Oscar metió sencillamente un aplicador y lo cubrió con una gota de aquella pasta artificialmente azul.

–¡Gua! —dijo Lorenzo cuando le llegó el olor de esa cosa.

Olía a thinner concentrado, y llenó casi al instante el pequeño gabinete de robótica de una nube invisible de gases estupefacientes.

–Nos vamos a elevar.

Decidieron no poner un ventilador junto a la puerta; pensaron que eso haría que el pegamento secara más rápido, y no querían que se endureciera en plena colocación de un tubo. Así, los vapores en el gabinete eran cada vez más densos. Los chicos salieron al pasillo. De por sí era difícil recordar dónde iba cada una de las sesenta y tantas piezas como para que ahora tuvieran que hacerlo drogados.

–Turnémonos —propuso Oscar—. Respiren hondo, peguen todas las piezas que puedan y salgan.

Se dividieron en equipos; Oscar y Luis abrieron. Mientras éste juntaba las dos primeras piezas de PVC, Oscar aplicaba un poco de pegamento azul. Aunque contenía el aliento, los gases le irritaban los ojos. Hasta la menor inhalación lo hacía marearse. Pegó algunas piezas y salió corriendo.

Luis sonrió.

–Yo estoy bien. Que entre Cristian.

Cristian llegó presuroso, con la camisa subida hasta la nariz, y pegó las demás piezas que Luis aún mantenía unidas, junto con una sonrisa cada vez más amplia. Por lo general, la gente le parecía pequeña. Ahora Cristian semejaba ser un elfo frenético que corría por el cuarto con un tubo de color blanco encendido. Luis echó a reír entre dientes, mientras el mundo se le desdibujaba.

Oscar apareció de pronto y lo agarró.

–Tienes que salir de aquí.

Lo sacó del cuarto. Luis no podía dejar de sonreír.

–¿Estás bien? —le preguntó Oscar.

–Sí —dijo él por toda respuesta.

Lorenzo entró volando y armó rápido una serie de piezas con Cristian. El pegamento se secaba casi de inmediato al unir dos tramos, así que tenían que concentrarse; una parte mal pegada podía comprometer toda la estructura. Era como armar un gran rompecabezas con piezas que se congelaban en su sitio, y sin oxígeno suficiente. Sesenta segundos después, Cristian empezó a atarantarse y ver poco, y tuvo que salir a tropezones, respirando con dificultad.

–¡Maldita sea, eso *apesta*! —jadeó Lorenzo, arrastrándose detrás de Cristian.

Tardaron casi dos horas en pegar todo, en medio de ese hedor agobiante. Al final, juntos tuvieron que fijar las cuatro patas. Oscar sintió un golpe de náusea, pero intentó ignorarlo. Pusieron el maletín negro en su sitio. Era el toque final, el momento en que el robot estaría completo, pero había un problema: los tres tubos que debían embonar en el maletín no coincidían. Estaban chuecos, como si el maletín fuera mucho más grande de lo que era, lo que dejaba huecos que se llenarían de agua, causarían un corto circuito en el sistema y hundirían al robot. El problema era grave.

–Dijiste que funcionaría —le reprochó Cristian a Oscar.

Habían practicado todo menos la colocación del maletín. Oscar estaba a disgusto consigo mismo. Debió intentar acomodar el maletín cuando hicieron los ensayos en seco. Era un descuido fatal.

–Tenemos que empezar de nuevo —dijo Cristian.

La emoción que habían sentido al hacer el robot desapareció. El proceso entero parecía ahora un fracaso. Tenían pocas opciones. Sería imposible recuperar el tubo ya usado. Si iban a empezar otra vez, tendrían que comprar más tubo y volver a probar. Eso era mucho tiempo, energía y gasto adicional.

–Podríamos cortar una parte —sugirió Oscar.

Mientras Cristian y él debatían la viabilidad de una demolición quirúrgica, Lorenzo contuvo el aliento y fue a examinar los tubos que rodeaban el maletín. No estaban demasiado chuecos. Tal vez un poco de calor resolvería el problema.

–¿Y si doblamos el tubo? —dijo al salir al pasillo.

–¿Cómo? —quiso saber Oscar.

–Con la pistola de aire caliente.

La pistola de aire caliente era una especie de secadora de pelo superpoderosa. Normalmente se le usaba para secar pintura, pero se calentaba tanto que la desprendía de la superficie. Lorenzo la sacó de una sección del armario de robótica, la conectó y la orientó a uno de los tubos torcidos. Movió el interruptor y sometió la pieza a la acción del aire achicharrante, mientras Luis ejercía presión en ella. Al principio no pasó nada, pero luego el PVC se ablandó y comenzó a doblarse.

–¡Está funcionando! —gritó Lorenzo.

Luis ajustó la posición del tubo y Lorenzo apagó la pistola de aire. En un momento, el PVC se endureció justo donde debía. El problema estaba resuelto.

–Muy buena idea... —dijo Oscar.

–Puedes decir que soy un genio —aceptó Lorenzo.

Todos estallaron en carcajadas.

–Hay que ponerle nombre —añadió.

Oscar recordó a Lorenzo ahogándose con los gases del pegamento y sugirió:

–¿Por qué no le ponemos Stinky?

En el verano de 2004, Tina Lowe ya llevaba siete años trabajando en Scuba Sciences, en la Séptima y Sheridan. El edificio contenía una tienda de equipo de buceo y, atrás, una alberca de doce por siete metros. Al paso de los años, Lowe había visto a yuppies entrenar para sus vacaciones de clavados en los trópicos, a amantes del mar atrapados en el desierto y a chicos de la cercana Brophy, exclusiva escuela privada que cobraba ocho mil setecientos dólares al año de colegiatura y ofrecía equipos de lacrosse y hockey sobre hielo. El equipo de robótica de Carl Hayden era otra cosa.

–Gracias por permitirnos usar la alberca —dijo Oscar con tono escueto, casi formal, cuando el equipo llegó portando a Stinky en una carretilla.

–Es un placer —dijo Lowe, sorprendida por el inusual grupo que se presentaba en su centro.

Luis parecía el Increíble Hulk, Cristian un Bill Gates mexicano y Lorenzo una revoltura entre Jon Bon Jovi y un vagabundo. Michael Hanck, el chico blanco y flaco que había diseñado el trebuchet lanzador de calabazas, también estaba ahí, para ayudar a pilotar el robot. Todos trabajaban bajo la supervisión de un iraní-estadunidense en otro tiempo entrenador de atletismo y de un cuasihippie de barba blanca. Lowe no había visto nunca entrar a su escuela de buceo un grupo tan extraño.

Tardaron una hora en disponer el equipo. Contaban con dos maltrechos monitores de tubo de rayos catódicos rescatados de una bodega polvorienta del distrito escolar, y con cuatro joysticks de videojuegos de RadioShack. Sujetaron la sonda y conectaron los monitores al sistema electrónico del robot. Una vez que enchufaron todo y encendieron la máquina, los monitores se llenaron de imágenes ruidosas e indefinidas de las cámaras blanco y negro de veintisiete dólares que llevaba el robot. Movieron las palancas, y las propelas emitieron un hermoso zumbido inicial. Stinky cobraba vida.

Cristian estaba a cargo del joystick de control de ascenso y descenso. Hanck tenía los dos joysticks que movían al robot adelante, atrás y a izquierda y derecha, pero a últimas fechas el grupo había dejado de verlo seguido. Por dificultades escolares Hanck tuvo que inscribirse en cursos de verano. Fredi y Allan le dijeron que no podría estar en el equipo si su promedio bajaba de nueve. Como Lorenzo podía atestiguar, las reglas se aplicaban a todos.

Lorenzo manejaba el control de los sensores. Le gustaba imaginar que activaba los controles hidráulicos de una motocicleta achaparrada cuando "les daba a los interruptores". Bajo su responsabilidad estaban la tenaza, las cámaras y su propia bomba de extracción de la muestra de agua. Hizo una última revisión de todos sus instrumentos y dio su aprobación:

–Listo.

–No agarres los tubos que entran en el maletín —advirtió Oscar a Luis.

Le preocupaba que cualquier apretón abriera un orificio. El robot parecía un nudo retorcido de tubos blancos, así que era difícil ver qué tubo iba a dar a dónde. Luis metió con delicadeza sus gruesas manos en las entrañas de la máquina y levantó a Stinky. Oscar se quitó la camisa y se echó al agua. Stinky tocó el agua por primera vez y se tambaleó en la superficie. Flotaba muy bien.

–¡Stinky acaba de ser bautizado! —celebró Lorenzo.

Oscar tomó el robot y lo bajó, pero no se hundía; nada más cabeceaba como un corcho. Luis trató de jalarlo de un lado, pero Stinky se negaba a sumergirse. Era como si no quisiera ser un robot submarino.

Tenía mucho aire en los tubos. El equipo había añadido un par de tubos tapados para disponer de flotabilidad extra, pero era evidente que no necesitaban fuerza ascensional adicional, así que quitaron uno. Stinky continuaba flotando. Quitaron el otro, y Stinky se sumió al fondo de la piscina. Lorenzo encontró una pieza angosta de PVC, la tapó en los extremos para que quedara aire atrapado dentro y la fijó al robot. Dio resultado: Stinky neutralizó su flotación, permaneciendo en la profundidad en que se le colocara.

Sin embargo, los problemas de flotación no habían terminado. La máquina se mantenía en su lugar, pero se inclinaba al frente como alguien empujado por el viento. Activar las propelas la hundía más. Necesitaban algo que la ayudara a enderezarse.

Lorenzo sacó de un bote de basura junto a la alberca un envase vacío de protector solar St. Ives.

–¿Qué tal esto?

–¿Basura? —preguntó Oscar.

–Tiene aire dentro.

–Cierto —dijo Oscar, alzándose de hombros.

No iban por puntos de elegancia.

Lorenzo ató rápidamente el envase al frente del robot y volvieron a bajar a Stinky. Esta vez se mantuvo perfectamente erguido. Oscar tomó un ula-ula recargado en una pared junto a la piscina; los estudiantes de buceo aprendían a pasar por ahí. Ahora era el turno de Stinky.

–A ver si pueden hacer que atraviese esto —les dijo a Cristian y Hanck.

Hanck presionó los controles de avance, mientras Cristian hacía que Stinky se sumergiera. El robot salió disparado al frente, pasando por el aro a toda velocidad. Ellos lo vieron hacerlo en los monitores.

–¡Eso estuvo cabrón! —murmuró Lorenzo a su lado.

Cristian y Hanck no se distrajeron. La sonda del robot se enredó en el aro. Le dieron la vuelta e intentaron hacer que regresara para destrabar la sonda, pero era difícil. Cristian trató que el robot subiera, pero éste se puso a girar erráticamente. Hanck quiso moverlo a la izquierda, pero de repente la máquina se volvió hacia la pared de la alberca.

–¡Cuidado! —gritó Oscar.

Stinky chocó contra el muro con un sonido seco pero resonante.

–¿Qué no ven para dónde van? —preguntó Fredi a gritos.

–La verdad, no —explicó Cristian.

Las paredes de la alberca eran blancas, y difíciles de distinguir en los monitores.

—Si siguen así, van a romper el PVC —les dijo Fredi—. Tengan más cuidado.

Cristian y Hanck intentaron hacer pasar nuevamente el ROV por el aro. Justo antes de que lo consiguieran, el robot viró como si tuviera mente propia y chocó contra la pared por segunda vez. Stinky salió flotando a la superficie; su sistema electrónico había dejado de responder.

—¡Está bien, está bien! —proclamó Oscar, dándose unos segundos para buscar un sesgo positivo. Faltaban apenas dos semanas para la competencia y quería a todos con el ánimo en alto—. ¿Vieron lo fuerte que se dio contra la pared? ¡Esta cosa tiene potencia! En cuanto la sepamos manejar, seremos el equipo más veloz.

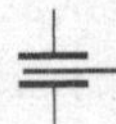

De vuelta en el gabinete de robótica, Cristian reexaminó cada conexión dentro del maletín. Algunos de los pequeños cables PWM que unían el joystick con el controlador del ROV se habían dañado y causaron que el robot se comportara erráticamente durante su prueba en la alberca. Esos cables los quitaron del robot que llevaron a Atlanta, para reutilizarlos en Stinky. Ahorraron así algo de dinero, pero tuvieron que lidiar con alambres reciclados. Tenían aún otros cables PWM, los únicos, pero de 2.5 metros de largo. Eso no era lo ideal —la longitud en exceso recargaría el ya atestado maletín—, pero era lo mejor que podían hacer. Cristian enrolló el cable largo dentro del maletín e hizo las conexiones. Cuando volvió a encender el sistema, las palancas parecían funcionar bien.

—También debemos cambiar la curva de aceleración —dijo.

Bastaba el menor contacto con la palanca para que Stinky saliera volando. Esto se debía corregir, así que Cristian reprogramó con Allan el software del ROV.

Lorenzo no sabía programar, pero estaba más que seguro de que el robot era estéticamente cuestionable. El pegamento azul había goteado de las uniones, dejando toscas rayas azules en el ensamblaje de plástico blanco del robot. Parecía como si de cada orificio de la máquina manara sangre azul.

—¡Este robot es feo como el demonio! —concluyó.

Decidió resolver dos problemas a la vez dándole a Stinky un cambio de imagen. Sacó pintura roja, amarilla y azul de un aparador del armario de robótica y se puso a trabajar. Aplicó pintura roja a todas las secciones que Luis no debía tocar: los tubos que iban a dar al maletín y las delicadas cubiertas de las cámaras. Pintó de amarillo las esquinas del ROV para que el perímetro del robot se distinguiera mejor bajo el agua. Coloreó el resto de azul, y le dijo a Luis que tocara únicamente las partes azules.

—Está bien —aceptó éste.

Una semana más tarde, regresaron a Scuba Sciences. La competencia sería en siete días. Lowe estaba habituada a adolescentes que hablaban de las jóvenes a las que perseguían y los videojuegos que dominaban. En cambio, estos chicos estaban muy concentrados en su robot. Su jerigonza —curvas de aceleración y modulación por ancho de impulsos— parecía un idioma extranjero.

—¿Qué piensa tu novia de todo esto? —le preguntó a Oscar.

Él se miró los pies.

—No tengo novia.

—Bueno... —dijo Lowe—. Esto es ahora más importante para ti.

—Así es, señora —confirmó Oscar, tratando de no ruborizarse.

En comparación con su primera prueba en la alberca, esta segunda sesión fue un éxito. Cristian y Hanck evitaron las paredes y Stinky respondió mejor a las palancas. También tomó medidas correctas de profundidad, la tenaza mecánica rescató un tubo de PVC y usaron la cinta métrica. Oscar hizo una lista de las tareas y las colocó en orden de importancia y viabilidad. Las más fáciles y con los puntos más altos serían las primeras en ejecutarse. Tenía un portapapeles y dio órdenes como el capitán de un barco.

Luego de ver al equipo practicar todas las maniobras que tendría que hacer en el concurso, Oscar puso la muestra de líquido de Lorenzo al final de su lista de viabilidad. El tubito de succión de cobre era muy difícil de colocar. En la competencia tendrían que insertarlo en un agujero de media pulgada. Practicaron con un tubo de PVC de tres cuartos de pulgada, pero no lograron meter el tubo de cobre en ese orificio de mayor diámetro. No obstante, el sistema de bombeo funcionaba, y era capaz de sorber quinientos mililitros de agua en veinte segundos. Pero Stinky no podía hacer movimientos precisos. La tarea parecía irrealizable.

Sin embargo, eso no importó mucho. Stinky se desplazaba fácilmente por la piscina. Fredi se metió al agua, tomó al robot y tiró de él. Los motores de arrastre eran pequeños pero potentes. Hanck y Cristian se coordinaban bien, y en sus dos sesiones de manejo aprendieron a conducir en conjunto el robot. Todos sintieron una pizca de confianza.

Así que fue un duro golpe que, un día antes de su partida, Fredi y Allan anunciaran que Hanck no iría a Santa Bárbara. Le advirtieron que debía sacar al menos nueve en sus cursos de verano para poder viajar a California, y se quedó corto. En consecuencia, no se le permitiría competir. El equipo disponía de menos de veinticuatro horas hasta su partida, y acababa de perder a uno de sus dos pilotos.

Se reunieron en torno a la angosta mesa del gabinete de robótica. Los gases se habían disipado, así que ya no era riesgoso estar en el cuarto, pero el estado de ánimo era sombrío. Cristian no podía manejar solo el robot, porque había tres joysticks; no tenía manos suficientes. Lorenzo ya había captado cómo operar todos los sensores, y Luis era indispensable en la orilla de la alberca para mover la sonda y subir el robot. Quedaba una única opción.

—Me entenderé con eso y estaremos bien —dijo Oscar.

Parecía seguro, pero él sabía que aquél era un gran revés.

Fredi llamó a Lowe para preguntarle si podían usar la alberca para otra sesión de práctica. Había clases programadas, pero ella aceptó darles el mayor tiempo posible entre dos sesiones. Tomaron a Stinky, corrieron a la Séptima y empezaron a instalarse, mientras estudiantes de buceo salían goteando de la piscina y pasaban caminando lentamente a su lado.

–Bueno, tienen cuarenta y cinco minutos hasta la siguiente clase —dijo Lowe.

Luis bajó a Stinky al agua y Oscar tomó las dos palancas de control de los movimientos horizontales del robot.

–Como cambiamos el algoritmo de aceleración, puedes mover un poco la palanca sin que el robot salga disparado —le indicó Cristian.

Oscar tocó apenas la palanca, pero Stinky respondió estampándose contra la pared. Todos oyeron el ruido hueco del impacto.

–¡Más despacio! —le dijo Cristian, inquieto.

Oscar hizo avanzar lentamente a Stinky, mientras Cristian empujaba su palanca, para que el robot descendiera.

–Intentemos inclinarlo al frente —dijo.

A fin de recoger objetos, tenían que poder inclinar al robot y hacerlo avanzar un poco. Cristian lo aceleró de golpe, empinándolo hacia delante. Oscar movió los controles con precaución, pero aun así Stinky reaccionó con mucha potencia, dando casi una voltereta.

–¡Es demasiado! —lo reprendió Cristian.

–¡Ya sé! —protestó Oscar.

No era fácil.

–Tratemos de moverlo nada más.

Dieron varias vueltas a la alberca, y Oscar pudo eludir las paredes. Justo cuando sintió que comenzaba a encontrarle el modo a esto, Lowe entró al área de la piscina.

–Me temo que es todo el tiempo que puedo darles.

Los integrantes del equipo debían presentarse en el estacionamiento del Carl Hayden a las cuatro de la mañana del jueves 24 de junio de 2004. Estaba oscuro cuando llegaron, y las calles lucían casi vacías. Allan y Fredi abrieron el edificio de ciencias marinas, mientras Oscar, Luis y Cristian esperaban. Oscar vio su reloj; ya eran las cuatro y Lorenzo no llegaba todavía.

En los ocho meses desde que se perdió el concurso de lanzamiento de calabazas, Lorenzo era muy confiable. Si el equipo tenía una reunión después de clases, él siempre estaba ahí. Cuando Fredi le dijo que debía mejorar sus calificaciones, estudió con ahínco y logró subir su calificación de geometría de cinco a nueve. Había jurado que nunca más volvería a llegar tarde, y esta vez el equipo le creyó. No podrían hacer nada sin él, así que su ausencia preocupaba a todos.

–¡Ahí está! —dijo Oscar aliviado mientras Lorenzo se acercaba corriendo.

–¡Relájense porque ya llegué! —soltó él, alzando los brazos como un futbolista que acabara de meter un gol.

–Lo último que voy a hacer es relajarme —dijo Oscar—. Sobre todo contigo cerca.

Sacaron del gabinete de robótica todo lo que necesitaban: cajas de herramientas, los dos monitores y a Stinky. Sam Alexander, también maestro de ciencias marinas de Carl Hayden, les echó una mano; iba a acompañarlos como asistente. Cargaron una carretilla y depositaron su peso en la camioneta de la escuela, una Ford Econoline beige 1993. Stinky no viajaría a lo grande. Lo metieron atrás y cerraron la puerta de golpe.

Oscar y Luis se apiñaron en la abarrotada cabina de la camioneta Silverado 1989 de Fredi. Desde que se graduaron, no podían viajar en un vehículo de la escuela, lo cual les pareció bien; la camioneta oficial iba repleta de equipo, y les dio gusto librarse del incesante parloteo de Lorenzo acerca de todo lo que veía por la ventana.

Por desgracia, Allan había provisto a cada vehículo de un equipo portátil para radioaficionados y le había enseñado a Lorenzo a operarlo.

—¡Llamando, llamando...! —crujió la voz de Lorenzo en el radio, mientras llegaban a la interestatal 10 y enfilaban al oeste.

Oscar gruñó.

Allan le dijo a Lorenzo que restringiera las comunicaciones a lo esencial. Les esperaba un viaje de siete horas, y debían conservar las baterías. Además, aprovecharían mejor el tiempo repasando su presentación de ingeniería. Casi la mitad de los puntos del concurso dependían de lo bien que pudieran defender sus ideas ante un panel de ingenieros profesionales y expertos en ROV de la NASA y la Marina. Cada uno de ellos debía estar preparado para responder cualquier pregunta.

—¿Qué es un cable PWM? —interrogó Allan.

—PWM —contestó Lorenzo automáticamente—. Modulación por ancho de impulsos. Controla los circuitos analógicos con salida digital.

—¿Crees que Luis lo sepa? —preguntó Allan.

Era raro que Luis dijera mucho sobre cualquier cosa, así que resultaba difícil indagar qué sabía.

—Ésa es una comunicación esencial —dijo Lorenzo, tomando el radio y apretando el botón para hablar—. ¡Llamando, llamando...!

—¿Podrías comportarte? —demandó Cristian.

—Me estoy comportando —replicó Lorenzo—. Hey, Luis, ¿qué es el índice de refracción?

Oscar y Luis se miraron en el auto de Fredi.

—¿Lo sabes? —inquirió Oscar.

—Ahhh... —Luis no estaba del todo seguro, pero creía saber. Un momento después, el radio de Lorenzo tronó con su respuesta—: tiene que ver con la luz y el agua. Con lo rápido que viaja la luz en el agua.

—¡Correcto! —dijo Cristian—. Pregúntale la cifra.

Lorenzo transmitió la petición. Luis no lo sabía, así que se pusieron a repasar en el radio. Las ondas aéreas del desierto de Sonora se llenaron de preguntas sobre relevadores pico, cubiertas de cámaras submarinas y frecuencias de transmisión. Las interrogantes iban y venían hasta que cruzaron la frontera de California. Afuera, en los campos aledaños a la ciudad de Blythe, trabajadores agrícolas pizcaban sandías a una temperatura de treinta y siete grados.

Lorenzo calló. Su familia seguía forcejeando para evitar que la desalojaran. El agente al que recurrieron saldó los pagos vencidos de su hipoteca, a cambio de las escrituras de la propiedad. Ahora él les rentaba la casa, pero era una situación precaria; parecía que no habían hecho sino meterse en más problemas. A Lorenzo le preocupaba que, al volver a casa, descubriera que ya no tenía ninguna. El riesgo de que terminara pizcando en los campos como las personas que veía en ese momento era real. Este viaje de cuatro días podía ser su última oportunidad de saber qué se sentía hacer un trabajo diferente al manual.

Luis Aranda, Oscar Vazquez, Lorenzo Santillan y Cristian Arcega (abajo, de izquierda a derecha) en junio de 2004 en la Marine Advanced Technology Education Robotics Competition en Santa Barbara, California
(Cortesía de Faridodin Lajvardi)

Fredi Lajvardi asesoró al equipo de robótica de la Carl Hayden Community High School en Phoenix (Cortesía de Faridodin Lajvardi)

Allan Cameron en la década de 1980, cuando se inició como maestro (Cortesía de Allan Cameron)

Luis (izquierda) fue un gigante pacífico en la preparatoria, mientras que Oscar (derecha) era cadete destacado del Junior Reserve Officer Training Corps
(IZQUIERDA: cortesía de Luis Aranda; DERECHA: cortesía de Oscar Vazquez)

Lorenzo en el laboratorio
(Cortesía de Faridodin Lajvardi)

Cristian muestra a su madre el robot en cuya hechura colaboró para las eliminatorias regionales de Arizona FIRST (For Inspiration and Recognition of Science and Technology)
(Cortesía de Faridodin Lajvardi)

Cristian y Lorenzo trabajando en Stinky, su ROV *submarino, en Carl Hayden.*
(Cortesía del autor)

De izquierda a derecha: Oscar, Luis, Lorenzo, Allan, Cristian y Fredi con Stinky en 2004 (Cortesía de Faridodin Lajvardi)

De izquierda a derecha: Lorenzo, Luis, Oscar y Cristian en Filadelfia en 2005, frente a la Campana de la Libertad (Cortesía de Faridodin Lajvardi)

De izquierda a derecha: Allan, Luis, Lorenzo, Oscar, Cristian y Fredi en 2010, cuando Oscar regresó a Estados Unidos luego de haberse autodeportado (Cortesía del autor)

Stinky
(Cortesía de Faridodin Lajvardi)

Tres

El equipo llegó a Santa Bárbara en la tarde y se puso en camino al campus de la UCSB. Una aglomeración de nubes bajas pendía del cielo y vagaba en el mar, tendiendo un manto gris sobre los recintos universitarios. Era la penumbra clásica de junio, fenómeno propio del sur de California a fines de la primavera y principios del verano.

El cielo nublado no incomodó a Lorenzo; los destellos intermitentes que obtenía del Pacífico lo embelesaron. Era la primera vez que veía el mar.

–¡Es incretástico! —estalló, queriendo decir que era increíble y fantástico.

Guardaron sus cosas en el cuarto que les habían asignado en los dormitorios, y pasaron la noche confirmando que todo funcionara bien. Al principio no fue así. Tras mover una cama, plantar a Stinky en el suelo y encenderlo, los propulsores se negaron a retroceder. Luego, sin tocar los joysticks, el robot entró zumbando en acción. Parecía que lo operara un fantasma.

–Tiene vudú —dijo Lorenzo.

Eso era lo último que necesitaban en vísperas de la competencia: un robot que ni siquiera respondiera a sus órdenes. Pero, una hora más tarde, los controles volvieron misteriosamente a la normalidad. Era como si el calor del desierto que acababan de recorrer hubiera alterado el cerebro de Stinky. Sintieron alivio de no tener que desmantelar, diagnosticar y reconstruir el robot. Fue un largo día de viaje, y ese último susto también los alteró un poco. El océano estaba a unos pasos y había playas hermosas por explorar, pero aun así todos se fueron a dormir temprano.

Cerca de las nueve de la mañana del día siguiente, el equipo de Carl Hayden llevó rodando a Stinky a una alberca de la UCSB reservada para practicar. Otros equipos se esparcían en el perímetro, y miraron a los recién llegados. Los robots a la vista parecieron obras de arte a los chicos de Carl Hayden. Al parecer los rivales tenían todo lo que ellos no: hule espuma con microesferas de vidrio, metal torneado, complejos tableros de control y uniformes llamativos. Cristian estaba orgulloso de su robot, pero tuvo que admitir que parecía un Geo Metro de Suzuki en comparación con los Lexus y BMW alrededor de la piscina. El trabajo de pintura de Lorenzo le había merecido una buena opinión; ahora lo juzgaba sencillamente ridículo.

Pese a las apariencias, a los demás equipos les costó mucho trabajo hacer robots capaces de cumplir su misión. El MIT lucía un equipo de doce alumnos de licenciatura y había conseguido una beca de diez mil dólares de ExxonMobil, en ese tiempo la corporación más grande del mundo. Su escuadra constaba de siete estudiantes de ingeniería marina, tres de ingeniería mecánica y dos de ciencias de la computación. Sin embargo, dos semanas antes de la contienda su sistema de control se sobrecalentó y esto lo fundió mientras exhalaba una columna de humo azul. Thaddeus Stefanov-Wagner, miembro del equipo que compitió como preparatoriano en el evento MATE de 2003, se las vio negras para reconstruir los controles, pero logró hacerlo en una semana.

Los problemas del MIT no terminaron ahí: su ROV sufrió daños en el traslado, y llegó a Santa Bárbara en una caja de madera parcialmente aplastada. Pero minutos después de sacarlo, todo el equipo se puso a trabajar en él, cada cual según su área de responsabilidad. Para el alumno de segundo año Jordan Stanway, líder del grupo, ése fue el mejor momento del año escolar: un equipo altamente calificado y eficiente que operaba en perfecta coordinación. Estudiaba ingeniería marítima en el MIT, y se enorgullecía de formar parte de un equipo tan diestro como ése.

Los chicos de Carl Hayden se arrastraron hasta una porción no reclamada en las inmediaciones de la alberca.

—¡Maldición! —susurró Lorenzo, mientras miraba de reojo el instrumental del MIT. Su robot exhibía una calcomanía inmensa de EXXONMOBIL y era la máquina más pequeña y de mandos más densamente compactados del certamen. Todo el grupo llevaba camisas azules en las que estaba estampada la leyenda MIT ROV TEAM. Sus miembros eran blancos, en su mayoría de cabello castaño claro.

A Lorenzo le parecieron la encarnación del poder.

—Nunca había visto tantos blancos en un mismo lugar —dijo deslumbrado.

—Enfoquémonos —ordenó Oscar.

La evaluación de ingeniería de Carl Hayden estaba programada para esa misma tarde, lo cual quería decir que tenían apenas unas horas para practicar en la alberca. Ahora, cada segundo contaba.

Luis bajó a Stinky al agua con toda delicadeza y dijo resoplando que el robot estaba listo. Oscar y Cristian lo movieron adelante y abajo, pero la máquina se puso a dar vueltas.

—¡Vayan de frente! —gritó Fredi.

—Voy de frente —respondió Oscar.

—¡No, vas a la izquierda! —replicó aquél.

—Déjame probar —intervino Cristian, arrebatando a Oscar los controles horizontales. Intentó que el robot caminara derecho, pero no lo logró—. ¡Sácalo! —le gritó a Luis.

Luis lo elevó de inmediato a la superficie y lo sacó del agua. Fredi, Allan y los chicos se reunieron en torno al bastidor colorido y aún goteando. Lorenzo abrió el maletín y se asomó en él.

—Tiene que ser la programación —dijo Fredi.

—No es la programación —lo atajó Allan.

—¡Es el agua! —dijo Lorenzo. Todos lo miraron—. Hay agua en el maletín.

Cuando señaló con el dedo, los demás vieron una cucharada de agua en el fondo del maletín.

—¿Por qué no hizo corto? —preguntó Cristian.

Él dio un golpecito en los cables PWM que conectaban los joysticks con el tablero de control, y las propelas del robot cobraron vida. Esto pareció al principio una buena noticia: el robot servía aún. Pero en realidad significaba que ellos tenían dos problemas: debían volver a soldar los cables y había una filtración en el maletín.

De regreso ya en su cuarto, Fredi y Allan estaban preocupados. El robot no funcionaba, y la presencia de los muchachos frente a expertos de la NASA y la Marina estaba prevista para dentro de unas horas. Stinky estaba resultando un fracaso desde el principio. Los chicos se sentían derrotados incluso antes de que empezara la competencia.

Pero Oscar no estaba dispuesto a rendirse.

—Desarmémoslo de una vez —alegó—. Lo podemos arreglar.

Fredi no quería que los muchachos estuvieran intranquilos frente a los expertos. Tenían que estar mentalmente preparados para lo que amenazaba con ser un interrogatorio despiadado.

—Ahora no te preocupes por el robot —dijo—. Tenemos toda la noche para repararlo.

—Es más importante que estén listos para la evaluación —agregó Allan.

Los jóvenes tenían poca experiencia hablando ante profesionales imponentes. Reunir dinero y competir en el programa FIRST fue de gran ayuda, pero hablar en público seguía siendo una situación novedosa para ellos. Eso, junto con su seguridad alterada, podía echar abajo todo lo que habían conseguido hasta el momento. Ellos podían salir de Santa Bárbara convencidos de que todo había sido un error, y de que no era su destino ser ambiciosos.

Tenían que cambiar de estado de ánimo, así que Allan se decidió por una apuesta.

—Vengan conmigo —ordenó.

El equipo lo siguió fuera del dormitorio, hasta un puente. Aunque era verano, había un flujo constante de peatones.

—Párense aquí y hablen con cualquiera que pase —les dijo.

—¿Y qué les decimos? —preguntó Oscar.

—"Hola, ¿le gustaría saber algo acerca de nuestros propulsores?" —sugirió Allan.

Lorenzo rio entre dientes.

—No creo que nadie quiera hablar con nosotros si le decimos eso.

—Digan entonces que hicieron un robot —insistió Allan—. Querrán saber de eso.

Fredi y Allan se alejaron para observar a la distancia. Los vecinos de la zona podían ignorar a los jóvenes, o tomarlos por mendigos. Esto podía afectar más todavía su ánimo, de por sí frágil. Allan esperaba que no fuera así; confiaba en la bondad de los extraños.

Los chicos se mostraron tímidos en un principio y dejaron pasar a un puñado de personas. Oscar sujetaba una carpeta de argollas de color blanco, con dibujos de las innovaciones de Stinky.

Por fin Lorenzo se armó de valor y abordó a un tipo que parecía maestro.

—Hola, somos estudiantes de preparatoria de Phoenix y estamos aquí para competir en un concurso de robótica submarina. ¿Le gustaría saber más sobre esto?

El hombre rio.

—Sí. ¿Qué hace su robot?

Oscar se acercó con su carpeta para mostrarle la primera página, en la que aparecía una foto de Stinky.

–Es un ROV, lo que significa que es un vehículo a control remoto.

Explicó que Stinky estaba diseñado para recuperar objetos, grabar video, obtener muestras de líquidos, medir distancias y ubicar sonidos bajo el agua.

–¿Puede hacer todo eso? —preguntó el señor,

–Cuando funciona, sí —contestó Oscar—. Parece que ahora está descompuesto.

–Bueno, cuenten con mi apoyo —dijo el desconocido y, tras desearles buena suerte, se marchó.

El equipo paró después a varias personas más y explicó por qué su robot era tan bueno, aunque por lo pronto estaba en cuidados intensivos. Cristian habló de la aplicación del índice de refracción a sus telemetrías láser, y Lorenzo presumió su herramienta "marginal" de muestreo de líquidos. A la gente con la que platicaron pareció impresionarle un grupo tan heterogéneo, y la reacción que obtuvieron los estimuló. Les recordó que estaban haciendo algo que no habían hecho nunca. En Phoenix se les llamaba "extranjeros ilegales" y se les tachaba de delincuentes. Se les veía alternadamente como estadunidenses, mexicanos o ninguna de ambas cosas. Ahora, por un momento eran simples adolescentes en una competencia de robótica junto al mar.

En el pasillo a un costado de la sala de evaluación, Allan y Fredi esperaban ansiosos. Sabían que quienes componían el panel eran jueces impactantes. Ahí estaba Tom Swean, el huraño director, de cincuenta y ocho años de edad, del programa Ocean Engineering and Marine Systems de la Marina estadunidense. Lisa Spence, a cargo del Neutral Buoyancy Laboratory de la NASA, también estaba ahí, acribillando a preguntas a los muchachos. Aunque ellos también podían participar en la evaluación, Allan y Fredi decidieron dejarlos solos. Era un voto de confianza, pese a que significara que lo único que los dos maestros podían hacer era preocuparse.

—¿Cómo crees que les esté yendo? —preguntó Allan.

—Los demás equipos han tardado al menos cuarenta y cinco minutos —respondió Fredi—. Si ellos salen antes de ese tiempo, creo que será mala señal.

La puerta se abrió tras veinticinco minutos de sesión, y los alumnos de Carl Hayden salieron en torrente. Allan miró a Fredi; era mala señal.

—¿Cómo les fue, muchachos? —preguntó animado, tratando de ocultar su decepción.

—¡Lo hicimos muy bien! —contestó Oscar, entusiasta.

Allan pensó que podían estar trastornados, pero cuando menos los cuatro sonreían. Aseguraron haber respondido perfectamente las preguntas de los jueces. Para Allan y Fredi, resultaba obvio que estaban demasiado confiados. Era imposible que les hubiera ido tan bien.

Como sea, todo había pasado. Ahora el equipo debía reparar su robot antes de la competencia, programada para la mañana siguiente. Tenían menos de veinticuatro horas para arreglar tanto la filtración como los cables sueltos. Pero Allan sabía exactamente qué era lo primero que debían hacer: ir a Sizzler. Nadie iba a resolver nada con el estómago vacío.

En el breve trayecto al restaurante, Oscar dirigió una sesión de lluvia de ideas:

—No podemos comprar otro maletín y volver a conectarlo todo a tiempo. Tenemos que pensar en una solución rápida y fácil.

—Necesitan un desecante —dijo Fredi—, algo que absorba la humedad.

—Pero tiene que caber en el maletín —señaló Cristian—. Debe ser chico y superabsorbente.

–¿Absorbente? ¿Como un tampón? —preguntó Lorenzo, por cuya mente cruzó en ese instante una imagen de la tele.

Oscar, Cristian y Luis rieron. Les sonó ridículo.

–En realidad es una idea perfecta —dijo Fredi.

Tras ordenar de cenar "todo lo que usted pueda comer" y devorar más camarones de los que había consumido en su vida, Lorenzo se vio en el estacionamiento de una tienda Ralphs, cerca del campus de la UCSB. A sus espaldas, sus compañeros lo animaban desde la camioneta.

–¡Vamos! —dijo Oscar—. Fue tu idea.

–¿Por qué tengo que comprarlos yo? Que lo haga otro.

–Ve tú —ordenó Oscar.

–¡Ni siquiera sé cuáles comprar!

–Pues pregúntale a alguien.

Se encaminó a la tienda. Estaba decorada como una hacienda, con techo de tejas, paredes blancas y palmas recién plantadas. Entró y pasó por la sección de productos orgánicos, tratando de reunir valor. Pasó junto a una anciana que examinaba una berenjena, pero le dio pena preguntarle. Vio entonces a una joven de jeans que compraba shampoo.

–Disculpe, señorita.

No solía acercarse a las mujeres estando solo, y mucho menos a mujeres blancas bien arregladas. Vio la aprensión crispar el rostro de ésta. Tal vez pensaba que trataría de venderle dulces o revistas, pero él se hizo el fuerte. Explicó que había hecho un robot para un concurso submarino patrocinado por la NASA, y que su robot goteaba. Él quería absorber el agua con tampones, pero no sabía cuáles elegir.

–¿Podría ayudarme a comprar los mejores?

La joven esbozó una amplia sonrisa y lo llevó al departamento de higiene femenina, donde le tendió una caja de o. b. ultra-absorbencia.

–Éstos no tienen aplicador, así que será fácil meterlos en tu máquina.

Él miró el suelo, balbuceó unas palabras de gratitud y se dirigió rápidamente a la caja.

—¡Ojalá ganes! —exclamó la joven, riendo.

Regresaron a su cuarto en los dormitorios y rodearon a Stinky. Varios cables de los joysticks se habían soltado del controlador, y era imposible volver a soldar únicamente ésos; había que jalar los sesenta y cuatro y empezar de nuevo. Esto tardaría horas, y ya estaban cansados por la tortura de la fallida sesión de práctica de la mañana y la evaluación de ingeniería. Además, se llenaron de bisteces y camarones. Lo único que querían era dormir, pero sólo tenían hasta el amanecer para hacer que el robot funcionara.

—Yo me quedo —se ofreció Oscar.

—Yo también —añadió Lorenzo.

Oscar no había tomado en serio a Lorenzo en los últimos nueve meses. Juzgaba a los demás a partir de su propio nivel de compromiso, y Lorenzo nunca parecía estar a la altura. Contaba chistes y soltaba ideas extrañas (aunque con frecuencia innovadoras). A lo largo del año, Oscar se hizo a la idea de que en algún momento Lorenzo dejaría el equipo y no volvería. Ahora se daba cuenta de que estaba muy comprometido. Las buenas soluciones de ingeniería eran valiosas; pero, para Oscar, lo que realmente importaba era hacer cosas que nadie más quería, no rendirse y ser valiente. Por primera vez sintió verdadero respeto por su compañero de equipo.

—Está bien, hagámoslo —dijo.

Luis y Cristian se fueron a dormir a otro cuarto, Allan tomó una cama en la esquina y Fredi se acostó en el suelo, con todas las luces encendidas. Stinky se erguía en el espacio antes ocupado por otras camas; ellos las pararon y recargaron en la pared. Oscar y Lorenzo se encorvaron en la alfombra, sobre el sistema electrónico. Sesenta y cuatro cables del tamaño de un cabello debían insertarse meticulosamente en agujeritos específicos, y cubrirse después con una pizca de soldadura.

Lorenzo metía los cables en los orificios, mientras Oscar derretía la soldadura con el cautín. Cada gota de soldadura hacía elevarse en el aire una pequeña bocanada de humo gris. Apenas si hablaron durante esa exasperante y delicada tarea. Si Oscar tocaba el cable con el cautín, aquél se derretiría en el acto, lo que los obligaría a arrancar lo que ya hubieran hecho, volver a pelar todos los alambres y comenzar otra vez.

Cuando llevaban cincuenta cables, ya eran como las dos de la mañana. Les ardían los ojos luego de horas de mirar fijamente cables minúsculos. De igual forma, ahora era más lo que estaba en juego. Un error implicaría arrancar las conexiones ya terminadas. De ser así, no tendrían tiempo suficiente para volver a soldar todo antes de la competencia. Cada conexión debía ser perfecta.

—Descansemos un rato —dijo Oscar.

Se recostaron y se frotaron los ojos. El cuarto estaba lleno de un acre olor a quemado. Todos los demás dormían.

—Gracias por desvelarte conmigo —dijo Oscar.

—¿Crees que iba a dejar que lo hicieras solo? —preguntó Lorenzo. Oscar creyó que lo decía porque estaban juntos en esto, pero Lorenzo agregó—: si no te hubiera ayudado, seguro lo habrías hecho mal.

Le dirigió una sonrisa bobalicona de dientes torcidos; Oscar rio. Jamás habría hecho amistad con alguien como Lorenzo, pero ahora le daba gusto ser su compañero de equipo.

—Cállate... —le dijo, alzando el cautín—. Vamos a terminar.

Les faltaban catorce alambres. Oscar actuó lenta y cuidadosamente mientras Lorenzo colocaba el cable número cincuenta y uno.

Lorenzo rezó en silencio a la virgen María, y ambos se abrieron paso laboriosamente por la tanda final de cables, el último de los cuales conectaron hacia las dos y media de la mañana. Encendieron el equipo y probaron los joysticks. La máquina respondió.

La pancarta sobre la alberca decía: BIENVENIDOS A LA COMPETENCIA NACIONAL DE ROVs 2004. Potentes ventiladores agitaban la superficie, distorsionando lo que se encontraba debajo de ella. Los equipos podían distinguir apenas el vago contorno de una enorme estructura negra, pero nada más. Un altoparlante hacía sonar a todo volumen música hawaiana. Éste era el evento central; principiaba la parte submarina de la competencia, clase Explorador.

El Monterey Peninsula College fue llamado a la piscina. Su equipo, de quince miembros, desplegó tres vehículos: dos ROVs —llamados Rómulo y Remo— y un tercer navío, el Sea Wolf, que hacía las veces de ojos de los otros dos en el cielo, flotando en la superficie con un sistema de cámaras para guiar la operación. Rómulo era un sumergible pesado que funcionaba con tres baterías para automóvil ubicadas en el puesto de mando. Remo era un robot más pequeño y ágil, diseñado para explorar el interior de la maqueta del submarino. Pero aun con toda esa potencia de fuego robótica, Monterey recabó sólo treinta de ciento diez puntos. Las tareas de la misión resultaron más difíciles de lo previsto.

El Cape Fear Community College tuvo una actuación un poco más exitosa. Su robot era una bella montura de aluminio extruido con tapa de hule espuma, cubierta con fibra de vidrio de un azul esplendente. Se llamaba Sea Devil 3. Su caparazón brillaba tanto bajo el sol matutino que Allan dio en decir que era una "joya submarina". Una de sus características más impresionantes era una cámara superior unida a un tanque de buceo en el puesto de mando. Esta cámara permitía a sus operadores poner o quitar aire para ajustar la flotabilidad a medida que se necesitara. Cuando el robot recogió un objeto pesado y tuvo dificultad para salir a la superficie, le enviaron por un tubo una ráfaga de aire y emergió de inmediato. Era una buena idea, con una base firme de ingeniería, pese a lo cual este equipo sólo reunió cuarenta puntos al final de su tiempo de treinta minutos.

Eran once los equipos inscritos en la división Explorador, y todos habían optado por medirse contra estándares muy elevados. Así, la mayoría de ellos eran hábiles y seguros, y todos obtuvieron al menos cinco puntos. No obstante, algunos sufrieron fallas catastróficas al inicio de su misión. Sus robots se hundieron hasta el fondo de la piscina, donde permanecieron sin reaccionar. Tras varios minutos de infructuosa resolución de problemas, tuvieron que sacarlos ignominiosamente con la sonda. Uno de los robots varados emitió desde las profundidades una burbuja gigantesca.

Lorenzo observaba a un lado de la piscina y no pudo evitar reír.

–¡Se pedorreó!

Pero ni sus bromas aligeraban el ánimo. Si los demás equipos estaban teniendo problemas, era probable que Carl Hayden la pasara aún peor. Ahora no cabía duda de que la división Explorador era de una dificultad extrema, aunque esto también daba al equipo un rayo de esperanza: incluso si su robot sólo podía encender y efectuar una única tarea, superaría a los robots que hicieron corto. Eso significaba que no quedarían en último lugar.

Los jueces llamaron al MIT a la alberca, y sus miembros hicieron descender en el agua su ROV compacto de aluminio soldado. Acumularon puntos rápidamente. Desplazándose a toda velocidad por la piscina, localizaban objetos e investigaban confiadamente el interior del submarino. Encontrar la campana era una de las tareas más arduas. Los organizadores distribuyeron en la alberca cuatro campanas falsas para que los equipos no pudieran elegir fácilmente la correcta. El MIT la localizó usando su micrófono submarino Knowles Acoustics MR-8406.

Pero no todo fue miel sobre hojuelas. Encontraron el barril con la fuga y maniobraron hasta aproximársele. Esta tarea valía quince puntos, más que cualquier otra. Como diluir el líquido rojo de la muestra en el agua de la piscina representaba tres puntos menos, el equipo del MIT produjo un sistema de dos cámaras de aire. Cuando activaban la bomba, primero se llenaba una cámara y luego la otra. En teoría, el agua de la alberca en el tubo de muestreo entraría a la primera cámara antes de que la segunda se llenara de líquido rojo no adulterado. El único problema fue que el equipo no logró que su tubo de muestreo embonara en el barril; la abertura era demasiado angosta. El MIT se rindió y se alejó de prisa, confirmando las sospechas de Oscar de que esa tarea era irrealizable. Aun así, este equipo amasó cuarenta y ocho puntos, lo que lo situó en el primer lugar.

A la orilla de la alberca, Lorenzo embutía tampones junto al tablero de circuitos de Stinky, forrando los bordes con racimos de esas cosas algodonosas. Oscar y él apenas si habían dormido unas horas, pero estaban muy acelerados.

—Pon uno allá —ordenó Oscar, apuntando a una esquina del portafolio.

—Sé lo que estoy haciendo —dijo Lorenzo, ignorándolo.

Sentía que los tampones eran su territorio. Se había ganado el derecho a ponerlos donde quisiera.

—¡Se requiere a la Carl Hayden High School en la plataforma! —dijo por el altavoz uno de los jueces.

Su hora había llegado.

—Bueno, muchachos —les dijo Allan—, tal vez sólo tengan diez minutos antes de que se fundan los controles, así que hagan primero las cosas fáciles.

—Sumen puntos —dijo Fredi—. Eso los pondrá adelante de muchos otros.

—Lo haremos —dijo Oscar con aplomo.

Los maestros los vieron llevar su equipo hasta la "caseta de control", endeble estructura de aluminio cubierta por una gran lona azul, lo que generaba un espacio cerrado por tres lados.

—Espero que todo salga bien —comentó Allan.

—Yo también —dijo Fredi.

Los jueces activaron un reloj automático. Al igual que los demás competidores, Carl Hayden tenía cinco minutos para presentarse en la caseta y hacer una revisión de seguridad. Todos entraron rápidamente en acción.

Oscar y Lorenzo dispusieron bajo la sombra el carrito de los monitores. Cristian llevaba una tabla con los joysticks y el sistema electrónico de cubierta. Luis descargó a Stinky a la orilla de la alberca y tendió la sonda a Cristian, quien la conectó en el sistema de control. Lorenzo ajustó un globo morado en la bomba de sentina de Stinky. Oscar movió el interruptor de encendido.

Stinky estaba en operación.

Leah Herbert marcó con una palomita la casilla de la hoja de resultados junto a las palabras *El equipo está listo para la misión*. Ella era una especialista en ROV de Oceaneering International, compañía fabricante y operadora de ROVs para las industrias petrolera y del gas. La flanqueaban los jueces Bryan Schaefer y William Kirkwood, dos especialistas en ROV del Monterey Bay Aquarium Research Institute. Entre los tres determinarían qué tareas habían sido cumplidas, y otorgarían puntos de acuerdo con ello.

—Tienen permiso para mojarse, señores —dijo Herbert—. Disponen de treinta minutos.

—¡Vamos, Luis! —gritó Oscar.

Luis bajó a Stinky al agua, y Lorenzo volvió a rezarle a la virgen María. Pidió que los tampones funcionaran, aunque luego se preguntó si a la virgen le bajaba la regla, y si era apropiado que él pidiera por los tampones. Trató de rezarle a otro santo, pero no se le ocurrió ninguno. El zumbido de las propelas lo devolvió al certamen.

Stinky se hundió hasta el fondo en picada. Luis estaba en el borde de la alberca, y soltó el cable de la sonda. Desde el puesto de control, Cristian, Oscar y Lorenzo monitoreaban en sus pantallas el descenso de la máquina. Vía la cámara frontal del robot, podían ver centellar el entorno de la alberca por el que se desplazaba Stinky.

—¡Ahí hay algo! —exclamó Cristian, señalando en uno de los monitores.

Vieron abajo un objeto negro sobre una base elevada. Era el sensor hidrodinámico, una maqueta de un sonar submarino. El sólo verlo valía cinco puntos. Atrás de ellos, en la caseta de mando, los jueces marcaron otra palomita. Con cinco puntos, ellos tenían asegurado un empate en el último lugar.

—¡Vamos, Cristian, eso es! —dijo Oscar, empujando en exceso sus controles.

Nerviosos y sobresforzados por la forma en que el otro manejaba sus joysticks, provocaron que Stinky desviara su curso. El sensor hidrodinámico y su base desaparecieron de sus pantallas.

—¡Regresa! —dijo Cristian.

—Ya lo tengo.

Oscar corrigió el curso y avanzó velozmente hacia el objeto.

—¡Vas muy rápido! —protestó Cristian.

Oscar metió reversa, y el chorro de la propela tiró el sensor hidrodinámico de su base. Dieron vueltas alrededor de ésta, pero ya no pudieron acercarse al sensor.

—Pasemos a lo siguiente —dijo Oscar, presuroso. No quería perder tiempo.

—¿Qué es eso? —preguntó Lorenzo, señalando un objeto en la pantalla. Parecía un barril.

—Es la cosa esa de la muestra de líquido —respondió Cristian.

—Eso va hasta el final —dijo Oscar—. Sigamos.

Al dar la vuelta, vieron a la distancia la masa imponente del submarino. Hasta ese momento, Stinky se mantenía erguido, los joysticks funcionaban y el robot respondía a todas sus órdenes. Oscar empujó el control y Stinky se dirigió a la estructura, mientras Cristian tiraba del suyo para que el robot se elevara un poco.

—Intentemos medir el largo —dijo Oscar.

Consiguieron enganchar la lazada de su cinta en un extremo del submarino, y metieron reversa para desenrollarla. Al llegar al otro extremo, Lorenzo activó la cámara en blanco y negro que apuntaba a la cinta métrica, pero la pantalla apareció totalmente en blanco.

—¡No veo nada! —se quejó Oscar.

Fijaron la exposición de la cámara estando bajo techo en Scuba Sciences, en su práctica del día anterior y estaba nublado. Ahora el sol brillaba intensamente, y la luz anegaba el iris. El resultado de la medición estaba ahí, pero no podían verlo.

Aun así, obtuvieron cinco puntos por desplegar la cinta métrica. Enfilaron entonces al "periscopio" del submarino —un tubo alto de plástico—, y apuntaron al fondo su telémetro láser. También éste proporcionó una lectura, pero la imagen captada por la cámara era imperceptible y no la pudieron ver. Recibieron cinco puntos por permanecer junto al periscopio, mientras calculaban la profundidad, aunque no hubieran podido reportar el resultado.

La mayoría de las tareas restantes implicaban entrar al submarino, una labor arriesgada. Oscar temía que Stinky se atorara, poniendo fin así a su misión.

Revisó la hora: les quedaban quince minutos.

—Regresemos al barril.

—Pensé que lo haríamos al final —rezongó Cristian.

—Hagamos un intento.

Oscar hizo girar el robot y lo orientó de vuelta al barril.

En Scuba Sciences habían trasegado mucho para meter la probóscide de cobre de Stinky en un tubo de media pulgada. Las pocas veces que lo lograron les tomó docenas de intentos durante varias horas. Ahora se les acababan los minutos de su misión. Cristian dudó que valiera la pena intentarlo, pero Oscar estaba al mando.

Los jóvenes reajustaron sus agarres sobre los joysticks y se inclinaron sobre los monitores mientras Stinky se acercaba al barril que había frustrado al equipo del MIT. El "barril" era una lata de pintura de un galón, cubierta con un camuflaje rojo y verde. Un tubo de media pulgada sobresalía quince centímetros de la tapa. El puesto de mando guardó silencio. Concentrados en su misión, Oscar y Cristian se relajaron, y hacían ligeros movimientos con sus joysticks de modo casi imperceptible. Oscar deslizó adelante la suya, mientras Cristian imprimía la dirección contraria a las propelas verticales. Stinky avanzó un centímetro, alzó el trasero y hundió perfectamente el tubo de muestreo en el bidón.

–¡Dios mío! —murmuró Oscar, sin poder creer lo que veía.

–¡Dale a los interruptores! —gritó Cristian.

Lorenzo ya había activado la bomba y contaba veinte segundos en la forma menos científica del mundo:

–Uno, dos, tres, cuatro... —mascullό, hasta llegar a veinte.

Entonces apagó la bomba.

No pudieron ver si el globo se había llenado, así que nada confirmaba que su método hubiera surtido efecto.

–¡Vamos con Luis! —dijo Oscar.

Separaron a Stinky del barril, le dieron la vuelta y lo condujeron hacia Luis en la orilla de la alberca. Éste lo sacó del agua, y Oscar, Cristian y Lorenzo se volcaron junto a él desde la caseta de mando. El globo morado lucía rozagante en el envase de leche que Lorenzo había tasajeado.

Oscar lo sacó con precaución. Cristian tomó un cilindro graduado para medir el líquido. Dar con el barril valía cinco puntos; recolectar una muestra y entregarla en la caseta de control valía otros cinco. Aparte obtendrían un punto adicional por cada cien mililitros recolectados, hasta quinientos, lo que hacía un total de cinco posibles puntos extra. Oscar procedió a vaciar el líquido en el cilindro.

–Cien, doscientos, trescientos —decía Cristian con creciente emoción mientras Oscar vertía el fluido.

Por fin llegaron a quinientos mililitros.

Habían recogido una muestra completa, aunque un tanto diluida, y recibieron nada menos que doce puntos. Esto hacía un total de veintisiete hasta el momento, más que casi todos los otros equipos.

—¿Podemos hacer algo de ruido? —preguntó Cristian a Pat Barrow, gerente de operación de laboratorios de la NASA que supervisaba el concurso.

—¡Adelante! —contestó él.

Cristian estalló en algarabía. Luis mostraba una sonrisa absorta, mientras sus amigos bailaban a su alrededor. Lograron algo que algunos de los mejores estudiantes de ingeniería del país no pudieron hacer.

—¡Vamos, vamos! —dijo Oscar, interrumpiendo la celebración.

Todavía les quedaban diez minutos, y él no quería perder más tiempo. Competían ahora por uno de los primeros lugares. Luis bajó rápidamente el ROV al agua.

Oscar condujo a Stinky hasta el submarino. No habían explorado aún el interior, y había muchos puntos más por ganar. Cristian mantenía derecho a Stinky, mientras Oscar lo hacía avanzar con cautela. El robot entró a la estructura, arrastrando la sonda. Las paredes eran negras, y el pasadizo peligrosamente angosto. La sonda se empezó a frotar con la estructura, lo que los forzó a retroceder. Los segundos volaban, y ellos no estaban llegando a ninguna parte.

—Hagamos otra cosa —dijo Oscar.

Cuando ya quedaba nada más un minuto, él intentó dar una vuelta muy cerrada, y la estela de las propelas destapó de golpe un compartimiento, dejando ver una campana dorada.

—¡Es la campana del capitán! —gritó Cristian.

Mientras el tiempo de su misión se acababa, los jueces les otorgaron otros cinco puntos, lo cual quería decir que habían acumulado treinta y dos. No sólo no habían terminado últimos, sino que el puntaje alcanzado en su misión los colocaba en el tercer lugar, detrás del MIT y el Cape Fear Community College. Todo dependía ahora de las calificaciones recibidas en la evaluación de ingeniería.

Fredi y Allan no lo podían creer.

Corrieron a la caseta de control, Fredi sacó fotos como si los muchachos fueran celebridades y Allan sacudió a Cristian como un árbol.

—¡Felicidades! —explotó—. No son oficialmente un fracaso.

—¿Podemos ir a Hooters si ganamos? —preguntó Lorenzo.

—¡Claro! —contestó Fredi, riendo—. Y el doctor Cameron y yo podremos jubilarnos entonces...

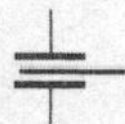

La ceremonia de premiación tuvo lugar durante la cena, lo que el equipo de Carl Hayden agradeció. Oscar se sentía como si hubiera corrido treinta kilómetros con una mochila de más de veinte kilos, así que hasta la insípida lechuga iceberg le supo sabrosa. Los nervios de todos se habían calmado. Fredi y Allan intentaban moderar sus expectativas. Los chicos creían que les había ido muy bien en la evaluación de ingeniería, pero quizá no fuera así. Los maestros les dijeron que era probable que obtuvieran una calificación promedio; tendrían suerte si quedaban en cuarto o quinto lugar. Los muchachos esperaban para sus adentros quedar en tercero, pero, de cualquier manera, estaban orgullosos de lo que habían logrado.

El primer premio fue una sorpresa: un reconocimiento especial, no previsto en el programa. Bryce Merrill, el barbado y maduro gerente de reclutamiento de Oceaneering International, compañía diseñadora de ROVs industriales, fue el anunciador. Explicó que los jueces crearon espontáneamente este galardón para honrar un logro excepcional. Frente al podio, en el templete improvisado, consultó sus notas. Los competidores se amontonaban alrededor de una docena de mesas. La Carl Hayden High School, dijo Merrill, era ese equipo especial.

Los muchachos subieron trotando al estrado, entre sonrisas forzadas. Parecía obvio que ésa era una palmada condescendiente en la espalda, como si les dijeran: "Lo hicieron bien, considerando de dónde vienen". Pero ellos no querían ser "especiales"; querían el tercer sitio. Esto indicaba que habían fallado.

Cuando regresaron a sus asientos, Fredi y Allan les estrecharon la mano.

–¡Buen trabajo, chicos! —dijo Fredi, tratando de parecer complacido—. Lo hicieron bien. Tal vez les dieron esto por los tampones...

–¡Oigan, tienen un premio! —señaló Allan—. Todos en casa van a estar muy orgullosos de ustedes.

Los profesores intentaban ver el lado positivo del asunto. Nadie esperó que obtuvieran *un* premio. Esto era, en efecto, muy impresionante.

Oscar asintió; Allan tenía razón. El equipo llegó más lejos de lo que incluso ellos esperaban. Tal vez no llegaron al primer lugar de la clasificación, pero ahora todos sabían que ellos eran ingenieros de talento. Ésa era, por sí sola, una proeza notable.

–¡Vamos! —dijo Oscar, con tono de aliento—. Esto es fabuloso. El resto de nuestra vida podremos decir que ganamos un premio en Santa Bárbara.

Lorenzo decidió que era muy grato haber subido al templete y que todos le aplaudieran. Lo recordaría para siempre.

La ceremonia llegaba a su fin. Ya se habían entregado algunos premios menores (Manejo Sensacional de la Sonda, Perfecta Herramienta de Recolección), así que Merrill pasó a los últimos premios: Elegancia en el Diseño, Informe Técnico y Campeón General.

Los estudiantes del MIT se removieron en sus asientos y estiraron las piernas. Aunque tuvieron que omitir la extracción de la muestra de líquido, ejecutaron en total más tareas submarinas que cualquier otro equipo. El de Cape Fear alcanzó la segunda mejor puntuación en la misión submarina. Sus miembros estaban sentados en el otro extremo de la sala, jugueteando con sus servilletas e intentando no parecer nerviosos. Los alumnos del Monterey Peninsula College miraban al frente. Quedaron en el cuarto puesto, detrás de Carl Hayden, en las pruebas submarinas; era muy probable que ocuparan el tercer sitio en la tabla general. Todo se reducía a cómo calificaron los jueces la presentación oral y escrita de los equipos. Los chicos de Phoenix voltearon a la mesa del buffet y se preguntaron si podrían conseguir más pastel antes de que concluyera la ceremonia.

Merrill se acercó al micrófono y dijo que el premio de diseño era para el ROV que respondía al nombre de Stinky.

—¿Qué es lo que dijo? —preguntó Lorenzo.

—¡Dios mío! —exclamó Fredi—. ¡Párense!

Esto era inexplicable para Lorenzo. Su robot no tenía nada de bonito ni elegante. En comparación con las máquinas relucientes de otros equipos, Stinky era un dechado de simplicidad. El PVC, el globo, la cinta métrica... en cada caso eligieron la solución más sencilla a un problema. Este método era consecuencia natural de ver a sus familiares reparar autos, hacer colchones y tender tubos de riego. Para un gran sector de la población, los mecánicos automotrices, los fabricantes de colchones y los jardineros no representaban la vanguardia del saber ingenieril. Eran trabajadores poco calificados sin acceso a tecnología de verdad. Stinky representaba ese enfoque de baja tecnología de la ingeniería.

Eso fue, precisamente, lo que impresionó a los jueces. Lisa Spence, la jueza de la NASA, creía que no había razón para proponer una solución compleja cuando bastaba con una básica. El robot de Carl Hayden le pareció "conceptualmente similar" a las máquinas con que trabajaba en la NASA.

Los muchachos estaban en estado de shock. Marcharon de vuelta al estrado y miraron al público con sonrisas atolondradas. Lorenzo sintió un torrente de emoción. El reconocimiento especial de los jueces no fue un premio de consolación. Estas personas los estaban reconociendo de verdad. Dio las gracias a Merrill y se encaminó de regreso a su asiento, junto con los demás. Ahora sí tenían de qué platicar en Phoenix.

Pero antes de que pudieran bajar del escenario, Merrill anunció que también habían ganado otro premio: el de Informe Técnico.

Lorenzo sencillamente no sabía qué estaba pasando. Parecía imposible que hubieran obtenido tres premios, y en particular el de redacción. "¿Nosotros, los iletrados del desierto?", pensó. Miró a Cristian, en gran medida responsable del informe; hasta él estaba pasmado. Para su mente analítica, no había ninguna posibilidad de que su equipo —un puñado de estudiantes para quienes el inglés era su segunda lengua— hubiera producido un informe mejor escrito que el de los alumnos de una de las mejores escuelas de ingeniería del país.

Merrill los felicitó. Acababan de obtener dos de los premios más importantes del concurso. Era increíble, pero el salón estaba listo para conocer a los tres finalistas.

Los chicos de Carl Hayden volvieron a sus asientos. Eran ya un equipo de robótica submarina rebosante de condecoraciones. Aquél era un episodio inconcebible, algo que ellos nunca olvidarían.

Merrill inició entonces la cuenta regresiva:

–El tercer lugar es para el Cape Fear Community College —dijo.

Hubo una ronda de aplausos. Sea Devil 3, el ROV de ese equipo, era una obra de arte de amplias capacidades que había acumulado la segunda mejor puntuación en la misión. Los muchachos de Carl Hayden se sorprendieron; supusieron que Cape Fear obtendría el segundo lugar. Era un hecho que el MIT ganaría el campeonato, así que imaginaron que el Monterey Peninsula College se había colado al segundo puesto. Era un equipo sólido que se había desempeñado bien bajo el agua, y sobresalido tal vez en la evaluación de ingeniería. Por tanto, Carl Hayden pensó que había conquistado nada menos que el cuarto lugar, lo que no dejaba de ser emocionante.

Una vez extinguido el aplauso para Cape Fear, Merrill carraspeó para poder hacer el anuncio que seguía:

–¡El segundo lugar es para el MIT! —dijo ante el micrófono.

La sala se cimbró.

Cristian miró Fredi.

—¿El MIT quedó en segundo? —soltó Cristian.

—Entonces ¿quién ganó el primer lugar? —preguntó Lorenzo a la mesa.

Fredi se dio cuenta de que quizás estaba por ocurrir algo extraordinario. Se tendió casi por completo sobre la mesa para prender a Lorenzo de la camisa.

—Lorenzo, si pasa lo que creo, por ninguna razón quiero oírte decir *Hooters* en el estrado.

—¡Y el ganador del campeonato de ROVs de Tecnología Avanzada en Educación Marítima, clase Explorador, es...!

Merrill comenzó a tamborilear en el podio. Un sonsonete grave se extendió en la sala mientras el público se le unía.

Apenas nueve meses atrás, los estudiantes de Carl Hayden no sabían qué era un ROV; era absolutamente imposible que ganaran.

El anunciador dejó de mover los dedos.

La sala se hundió en el silencio, y Merrill se inclinó sobre el micrófono:

—¡¡Carl Hayden!! —bramó.

El Campeonato 2004 de ROVs de Tecnología Avanzada en Educación Marítima, clase Explorador, no era para una universidad de las grandes ligas ni para un equipo experimentado. Era para cuatro preparatorianos cuya única esperanza había sido no terminar en último lugar.

—¡Dios mío! —exclamó Allan, sintiendo que los ojos se le llenaban de lágrimas. Tomó a Fredi y lo agitó a su antojo—. ¡Dios mío!

Lorenzo levantó los brazos, miró a Fredi y movió los labios, para decir sólo con los labios: *Hooters*.

Los estudiantes del MIT se pararon a aplaudir. Otros competidores los siguieron, y cuando el equipo de Carl Hayden llegó al escenario, casi todo el salón se había levantado: los adolescentes de Phoenix recibían una ovación de pie. El público expresaba clamorosamente su aprobación.

Los muchachos del desierto habían ganado.

—¡Vencimos al MIT! —gritó Cristian frente al mar.

Habían caminado más de un kilómetro por la playa a oscuras. No podían contenerse dentro de la sala de premiación y salieron tan rápido como pudieron. No quisieron ser descorteses, pero eso era demasiado para no gritar.

—¡Ganamooooooos! —interpeló Oscar al cielo nocturno.

—¡AHHHRGH! —rugió Luis.

Hizo tanto ruido que todos callaron. La noche estaba tranquila; sólo las olas retumbaban dulcemente.

—¡Muchachos, quiero que sepan lo orgulloso que estoy de ustedes! —les dijo Allan.

—En adelante, serán el equipo que le ganó al MIT —continuó Fredi—. ¿Saben en qué los convierte eso?

—¿En qué? —preguntó Cristian.

—¡En unos cabrones! —contestó Fredi, sonriendo.

—¡Maldición! —dijo Lorenzo, tratando de acostumbrarse a la idea—. Soy un cabrón.

Oscar no recordaba haber sido nunca tan feliz, pero en unos días más cumpliría dieciocho años; eso traería consigo una decisión significativa para él. Una vez que cumpliera los dieciocho y fuera adulto a ojos de la ley, su situación legal en Estados Unidos cambiaría. Siempre estuvo en riesgo de que lo deportaran, pero como adolescente no se le podía prohibir volver al país. En cambio, si se le arrestaba y deportaba después de los dieciocho años y medio, se le prohibiría regresar en tres años. Y si tenía diecinueve y medio o más, la sanción aumentaría a diez. Esta ley buscaba incentivar a los inmigrantes adolescentes a volver al país donde habían nacido.

Pero Oscar casi no tenía a qué regresar. Se acordaba de México —salió de ahí a los doce—, pero ahí ya no había nada para él. Sus padres estaban en Arizona, igual que sus amigos y mentores. Le era difícil imaginarse cruzando en una semana la frontera cuando toda su vida estaba en Estados Unidos. Y sobre todo, se veía como estadunidense. Suponía que, a la larga, convencería al gobierno de que era digno de obtener la nacionalidad.

Fredi fotografió a los chicos esa noche en la playa. Oscar, Cristian y Lorenzo alzaron los puños; Oscar levantó el índice en señal de que eran el número uno y Luis parecía confundido. A su alrededor, un montón de camarones habían sido arrastrados a la playa, cientos de ellos sobrepasados por fuerzas más allá de su control. Fredi tomó fotos de todo esa noche para que nadie la olvidara jamás.

Cuatro

El 16 de diciembre de 2004 —cinco meses después del triunfo de Carl Hayden en Santa Bárbara—, Russell Pearce subió al estrado del Falk Auditorium en la Brookings Institution, con sede en Washington, D.C. El representante del estado de Arizona había sido invitado a hablar sobre medidas que afectaban a los hijos de las familias de inmigrantes. La sesión se titulaba "El futuro de los niños", y Pearce expresó su firme convicción de que ser demasiado indulgentes con los inmigrantes no era bueno para Estados Unidos, como tampoco para los inmigrantes mismos.

—Ustedes no tienen derecho a tener compasión —insistió Pearce—. Ninguno de nosotros causaría daño de manera deliberada a los niños. Pero a veces nuestras bienintencionadas políticas hacen mucho daño.

Para él, Arizona y Estados Unidos se habían vuelto demasiado hospitalarios con los inmigrantes. Éstos inundaban el país, recibiendo asistencia social en forma ilegal y obteniendo educación gratuita a expensas de los contribuyentes. Muchos electores de Arizona parecían creer que los inmigrantes habían llegado al país para aprovecharse del gobierno. Desde esta perspectiva, los inmigrantes no estaban ahí para buscar trabajo; eran familias pobres y perezosas que aportaban al país menos de lo que recibían de él. Pearce creía necesarias políticas que desalentaran su ingreso a Estados Unidos.

Él abogaba por una solución específica. Justo un mes antes de su discurso en D.C., los votantes de Arizona habían aprobado la Proposition 200, ley que prohíbe a los inmigrantes ilegales recibir beneficios públicos, desde asistencia social hasta educación. El texto de la propuesta resumía sucintamente sus motivos: "Este estado juzga que la inmigración ilegal le causa dificultades económicas y que es alentada por agencias públicas que brindan prestaciones sociales sin verificar la situación migratoria de las personas". Cincuenta y seis por ciento del electorado votó a favor de la propuesta y fue aprobada.

El sheriff Joe Arpaio respondió a la creciente marea antimigratoria entre los votantes de Phoenix formando partidas civiles para cazar inmigrantes ilegales. En 2006 esas partidas se componían de más de trescientos civiles, alentados a perseguir a migrantes ilegales. Se les instruía para identificar vehículos que transportaran inmigrantes ilegales, así como las casas donde éstos vivían. Aunque supuestamente su labor se restringía a entregar tal información a los asistentes del sheriff, muchos de esos voluntarios estaban armados. Tanto oponentes como partidarios de esas partidas las veían como una manera de ahuyentar del país a los migrantes.

Lejos de enfriarse, el debate sobre la inmigración era cada vez más acalorado. El 15 de mayo de 2006, el entonces presidente Bush ordenó a seis mil miembros de la Guardia Nacional efectuar patrullajes en la frontera con México. La intención era reforzar los esfuerzos de la Border Patrol para capturar inmigrantes e impedirles cruzar la frontera. "Creo que esta estrategia es importante porque desplegar seis mil soldados para que complementen la labor de la Border Patrol dará resultados inmediatos", dijo Bush. "Y es momento de obtener resultados inmediatos."

La pregunta era: ¿militarizar la frontera permitiría alcanzar los resultados deseados? "Es como si esperáramos que los agentes de control de la frontera hicieran lo que un siglo de comunismo no pudo hacer: derrotar a las fuerzas naturales de la oferta y demanda del mercado y vencer el natural deseo humano de libertad y oportunidades", señaló ante el Congreso el connotado alcalde de Nueva York, Michael Bloomberg. "Ustedes podrían sentarse igualmente en sus sillas de playa y ordenarle a la marea que no suba."

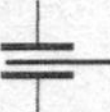

Oscar se quitó polvo de yeso de la cara. Era una calurosa tarde de martes en Phoenix, ocho meses después del éxito en Santa Bárbara. El complejo de departamentos frente a él, a medio construir, estaba lleno de trabajadores. Él llevaba puesta una faja de cuero de la que colgaba un martillo, y levantaba de una pila una sección de placa de yeso de 1.2 por 3.5 metros. Oscar pudo demostrar que era uno de los ingenieros submarinos más innovadores del país, pero ahora era sólo un jornalero más.

Decidió permanecer en Estados Unidos después de cumplir dieciocho años, y ahora se sentía estancado: México no tenía nada que ofrecerle, y él era como un fantasma en Estados Unidos. Se arriesgaba a ser echado varios años del país. Aun así, mantenía su optimismo. Mientras avanzaba penosamente por aquellas unidades a medio construir cargando secciones de muros de decenas de kilos, estudiaba la plomería y el cableado eléctrico. Quería cerciorarse de aprender algo.

Bajo el calor y dejando vagar su imaginación, pensaba en la universidad. Soñaba con estudiar ingeniería mecánica, servir en el ejército y hacer carrera como ingeniero. Pero todo esto parecía un espejismo, porque él no podía dar siquiera el primer paso. Ganaba entre cinco y ocho dólares por hora, y un título en la Arizona State University (ASU) costaba alrededor de cincuenta mil. Era imposible que reuniera esa suma cargando placas de yeso.

Cristian tenía un problema parecido. También soñaba con ir a la universidad, pero sus esperanzas se desvanecieron al descomponerse la unidad de aire acondicionado de la casa rodante de su familia. Sin aire acondicionado, el tráiler se volvía un horno inhabitable bajo el calor del desierto. Sus padres tuvieron que gastar tres mil dólares de sus ahorros para comprar una nueva unidad, dinero que Cristian podría haber utilizado para, al menos, iniciar sus estudios universitarios.

Luego de graduarse, Luis tenía dos trabajos. Durante el día archivaba documentos en una oficina del Seguro Social; en las noches continuaba como cocinero de platillos sencillos para Harold Brunet en Doc's Dining & Bar, en Youngtown. Parecía poco realista esperar que su vida cambiara mucho. Él suponía que Santa Bárbara había sido sólo un accidente, un breve destello de las oportunidades que otros tenían. Trataba de no pensar mucho en eso.

En abril de 2005, publiqué en *Wired* un artículo sobre el campeonato MATE de 2004 en Santa Bárbara. Ésa fue la primera vez que un medio de circulación nacional daba cobertura al evento, y el artículo provocó reacciones diversas. Hooters llamó para invitar a cenar gratis a todo el equipo de robótica. ("Estuvo muy rico", recuerda Lorenzo.) Muchos lectores escribieron para expresar su apoyo al programa de robótica de Carl Hayden.

"Si la larga lista de inventores inmigrantes que han vuelto a este país y al mundo un lugar mejor dejara de aumentar en este momento, Estados Unidos pasaría a engrosar las filas de las naciones en deterioro", comentó un lector.

Pronto la oficina de *Wired* se vio inundada por correos que ofrecían ayuda a los cuatro jóvenes robotistas para continuar sus estudios. Finalmente los lectores aportaron más de ciento veinte mil dólares a un fondo de becas montado para ellos por las autoridades educativas. Esta generosidad les abrió un mundo de oportunidades. Parecía que la universidad estaba a su alcance.

Ese artículo también convirtió a los cuatro adolescentes de Carl Hayden en el rostro de una generación de jóvenes nacidos en otra parte y criados en Estados Unidos sin papeles de residencia. En 2004 se calculaba que 1.4 millones de muchachos se ajustaban a esta descripción. Pese a su número, en gran medida eran invisibles. Sus familias evitaban la publicidad. Después de todo, nadie quería inducir el escrutinio si esto significaba deportación.

Al principio, el equipo de Carl Hayden no se dio cuenta de que su caso atraía gran atención. Nadie se fijó en él cuando ganó la competencia de MATE, así que supuso que el artículo de *Wired* no cambiaría nada. Pero en las semanas posteriores a la publicación, le llovieron solicitudes de otros medios. Cuando *Nightline*, de ABC, se interesó en dar a conocer su historia, los compañeros de equipo se reunieron en el gabinete de robótica. Fredi y Allan explicaron que ese programa querría ocuparse de su estado migratorio. Se les pediría hablar en televisión nacional de su vida ilegal en el país. Esto podría causar dificultades a todos.

–Si fueran hijos míos, yo les diría que no lo hicieran —apuntó Allan—. Es demasiado riesgoso.

Tras discutir toda la noche con sus respectivas familias, los adolescentes se volvieron a reunir al día siguiente. Acordaron que si cualquiera de ellos no quería hacerlo, le dirían que no a ABC. La familia de Cristian estaba muy preocupada y no quería que él participara, aunque él no estaba muy convencido; creía importante hablar. Lorenzo y Luis estaban de acuerdo. Debían hablar de su experiencia; de lo contrario, los estereotipos tradicionales sobre los inmigrantes persistirían. Los votantes seguirían echando mano de sus suposiciones sobre cómo eran los migrantes mexicanos de escasos recursos. Episodios de migrantes que robaban o peleaban llegaban a los noticiarios; pero cuando Carl Hayden ganó el campeonato nacional de robótica submarina ningún medio informativo cubrió inicialmente el suceso.

–Tenemos la oportunidad de decir algo —dijo Lorenzo.

–De acuerdo —opinó Oscar—. Éste es un momento como el de Rosa Parks. Va más allá de nosotros.

Decidieron hacer el programa.

La atención de los medios hizo preguntarse a algunos si Santa Bárbara fue mera casualidad, un accidente irrepetible del destino. Cristian y Lorenzo —quienes aún no se habían graduado— les demostraron que estaban equivocados. En 2005 y 2006, el equipo de robótica de Carl Hayden obtuvo el primer premio en la competencia FIRST de Dean Kamen, en Arizona. En ambos años llegó al campeonato nacional, donde fue un competidor importante. Quedó en tercer lugar en el evento MATE 2005 y en segundo en el de 2006, venciendo al MIT (de nueva cuenta) en las dos ocasiones. En 2007, los organizadores de MATE desplazaron el evento a Canadá, lo que impidió participar a los estudiantes indocumentados de Carl Hayden. En compensación, Fredi y Allan instituyeron su propio concurso de robótica submarina, evento que continúa hasta la fecha.

Pero más que nada, el equipo de robótica submarina de 2004 inspiró a sus sucesores. El número de sus miembros ascendió a más de cincuenta, todos los cuales supieron que Oscar, Luis, Lorenzo y Cristian tuvieron éxito con poco más que su ingenio y algunos materiales de repuesto. Ahora, cuando el equipo competía, arrastraba a sus seguidores. En 2008 ganó el Chairman's Award nacional, el premio más prestigioso de la competencia FIRST de Kamen. Año tras año, este equipo ha ocupado sistemáticamente la cumbre, o casi, de cada categoría en la que ha intervenido.

También intentó despertar entusiasmo por la robótica entre otros jóvenes. En el otoño, antes de ponerse a hacer robots en serio cada año, visitaba escuelas primarias en West Phoenix. Llevaba consigo robots viejos, para hacer una demostración frente a las nuevas generaciones. En 2004, el equipo de robótica de Carl Hayden fue anfitrión, en su gimnasio, de un concurso de robótica junior. En unos años, este evento ya atraía a cientos de jóvenes estudiantes, y tuvo que ser trasladado a la Arizona State University.

El creciente perfil del equipo le atrajo nuevos partidarios. En 2005, un grupo de hombres de negocios de Oregon y Washington que leyeron el artículo de *Wired* decidieron ayudar. Formaron una fundación para ofrecer becas universitarias a miembros del equipo de robótica de Allan y Fredi. Entre 2005 y 2010, esa fundación gastó setecientos veinte mil dólares y envió a la universidad a veintitrés muchachos. "Nuestro país no se puede dar el lujo de desperdiciar el talento de estos chicos", dice Peter Gaskins, uno de aquellos empresarios. "Sencillamente no estoy dispuesto a aceptar que deba ser así."

El curso de robótica de Carl Hayden se convirtió en una vía de acceso a la universidad. Sus miembros obtenían más becas que todos los programas atléticos de esa escuela juntos. "Este equipo ha transformado tanto las cosas que expectativas, sueños y posibilidades se han ampliado más allá de lo que pudiera imaginarse antes", dijo John Abele, multimillonario cofundador de Boston Scientific, al anunciar el primer premio en la competencia de robótica 2008 de Dean Kamen. "Una escuela alguna vez en dificultades es ahora una inspiración en ascenso que demuestra que el trabajo apasionado en común [...] puede hacer realidad hasta los sueños más recónditos."

En efecto, quizá Fredi y Allan hayan logrado dar nuevos sueños a sus alumnos inmigrantes, pero en la práctica muchos de esos sueños eran irrealizables. Gran cantidad de alumnos de Carl Hayden no tenían número del Seguro Social, ni tarjeta verde y, por tanto, no podían conseguir un empleo normal, incluso con un título universitario. Esto no dejaba dormir a Fredi. Le inquietaba que sus estudiantes dejaran el curso si sentían que no iba a procurarles una vida mejor. A su parecer, esto podía tener consecuencias catastróficas. Si no tenía caso estudiar, los chicos desertarían por completo, la delincuencia aumentaría, la sociedad perdería grandes mentes y la nueva generación no estaría preparada para tomar las riendas del país. Al menos eso era lo que, en las noches, pasaba por la mente de Fredi. Él era capaz de inspirar y formar ingenieros extraordinarios, pero todo indicaba que el mundo no los quería.

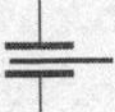

Allan y Fredi exhortaron a Cristian a ingresar al MIT; parecía un ajuste natural. Pero a Cristian y su familia, Boston les parecía demasiado lejos, demasiado extraña. Sus papás querían tenerlo cerca, dada su condición de residencia. Se sentían mejor teniéndolo a su lado. También una universidad privada les parecía extremadamente cara.

La Arizona State University era una opción más segura. Cristian cumpliría los requisitos para pagar una colegiatura más baja (en su calidad de residente del estado), la que podría cubrir gracias a la beca que a sus compañeros y a él les había caído del cielo. Aun así, la ASU resultó ser penosamente distinta a Carl Hayden. Cristian se vio inmerso en clases de casi cuatrocientos alumnos. Su maestro de química se paraba al frente del salón y leía las diapositivas que proyectaba en una pantalla. Esto era embrutecedor e irritante, sobre todo porque diez por ciento de la calificación de ese curso dependía de la asistencia. Parecía la antítesis de cuatro años de hacer robots en Carl Hayden.

Como sus padres no habían ido a la universidad, a Cristian le era difícil hacerles entender cómo se sentía. En cambio, hacía visitas regulares a Carl Hayden, para hablar con Allan y Fredi.

–No estoy aprendiendo nada, pero tengo que presentarme de todos modos —protestó en una ocasión—. Es una enorme pérdida de tiempo.

–Debes pagar la novatada —le dijo Allan—. Después verás que valió la pena.

Cristian perseveró, pero el sentir estatal se volvía contra él. Cuando *Nightline* de ABC transmitió su segmento sobre los chicos de Carl Hayden, el representante de Arizona, Russell Pearce, explicó a los espectadores que era inapropiado que fijaran su atención en un reducido grupo de alumnos: "No es posible quedarse nada más con la imagen de chicos buenos como los que quizá todos conocemos. Todos conocemos a alguien que probablemente esté aquí en forma ilegal y es una persona maravillosa. Esto no puede reducirse a tal elemento emocional, porque basta ver el daño que eso hace a Estados Unidos en general".

A mitad del primer año de Cristian en la ASU, Dean Martin, senador de Arizona, promovió la Proposition 300, un intento por ampliar la prohibición de la Proposition 200 de servicios educativos públicos a inmigrantes indocumentados. El referéndum respectivo buscaba impedir que tecnológicos y universidades estatales ofrecieran colegiaturas reducidas a residentes indocumentados crecidos en Arizona. "Arizona hoy regala millones de dólares en impuestos como subsidios a ilegales", escribió Martin en un folleto promocional enviado a los votantes. "Los estadunidenses de otros estados que asisten a escuelas en Arizona tienen que pagar la colegiatura entera. En cambio, extranjeros que infringen la ley entrando ilegalmente al estado disponen de colegiaturas subsidiadas por los contribuyentes [...] No es justo; no es correcto."

Russell Pearce se convirtió en defensor declarado de esta nueva medida. "Ofrecer para todos servicios estatales gratuitos no incentiva a los extranjeros ilegales a ser ciudadanos de pleno derecho y miembros legítimos de la sociedad estadunidense", escribió en apoyo a la Proposition 300. "Es vital que gastemos nuestros dólares en impuestos en ayudar a los naturales de Arizona, no en asistir y ser cómplices de extranjeros ilegales."

El 7 de noviembre de 2006, la Proposition 300 fue aprobada con un respaldo de setenta y uno por ciento. En consecuencia, la colegiatura de Cristian se cuadruplicó. Normalmente, un año de residencia en Arizona era requisito suficiente para que un estudiante dispusiera de una colegiatura estatal. Cristian había vivido en ese estado desde que tenía cinco años, pero ahora iba a tratársele como a un estudiante foráneo. La colegiatura de su primer semestre fue de dos mil dólares, pero el siguiente le costaría ocho mil. Para pagar los tres años y medio restantes, necesitaría cincuenta y seis mil dólares. Su parte de la beca lo dejaría a medio camino en pos de un título. Si sólo tomaba dos clases, no procedería el incremento de la colegiatura, pero el departamento de ingeniería mecánica exigía a sus alumnos tomar todos los cursos estipulados, o de lo contrario se les rechazaría. La situación parecía irresoluble. Cristian decidió desertar.

Técnicamente, él debería haber regresado a México. Una vez ahí, podía solicitar una visa, pero si admitía haber permanecido en Estados Unidos luego de cumplir dieciocho años, se le prohibiría volver al país durante varios años. Había dejado México desde niño; para él, era un país extranjero. No pudo convencerse de salir de Estados Unidos.

En los cinco años siguientes, tomó cursos esporádicos en el Gateway Community College. Consiguió trabajo en Home Depot, donde fue asignado al departamento de paredes y pisos, en el que ayudaba a los clientes a ordenar tapetes y persianas. Cuando alguien compraba un pedido de azulejos particularmente grande, él agitaba una bandera al frente de la carretilla elevadora, para abrirle camino en los pasillos.

En casa, Cristian puso un pequeño laboratorio en la esquina de su cuarto. Compró un cautín por treinta dólares, y estaba al tanto de las ofertas de Home Depot. Cuando sesenta metros de alambre para timbre fueron puestos en venta a tres dólares, compró un rollo y lo llevó a casa. Casi todas las noches se desvelaba inventando máquinas con materiales casi rescatados de la basura. Encontró una guitarra rota en la calle, la reparó y le hizo un pedal de efectos sonoros. Diseñó una rueda capaz de rotar en cualquier dirección. Mantenía junto a su cama un galón de ácido muriático para grabar tableros de circuitos. De noche, entre el olor a soldadura y aceite de máquinas, era cuando se sentía más feliz.

En mayo de 2006, Lorenzo subió al estrado del auditorio de Carl Hayden para recibir su diploma. Era el primer miembro de su familia en terminar la preparatoria. Ése debió ser un día de felicidad. En cierto momento, el director Ybarra estuvo a punto de expulsarlo; ahora era una estrella de la robótica nacionalmente reconocida. Pero mientras estrechaba la mano de Ybarra en el estrado y recibía su diploma, examinaba a la multitud. Su padre no se había presentado.

Ahogó sus sentimientos e intentó concentrarse en su futuro. Con su parte de la beca, se inscribió de tiempo completo en Culinary Studies del Phoenix College, de donde egresó dos años más tarde con un título técnico. Luis también asistía a una escuela de cocina, el Cordon Bleu College of Culinary Arts, en la vecina Scottsdale. Juntos formaron Neither Here, Nor There, empresa de banquetes especializada en cocina mexicana de fusión. Comenzaron con las recetas de sus mamás, pero las modernizaron, convirtiendo una salsa tradicional de mole verde en un pesto al mole con albahaca, piñones y crema. Surtían a bodas, retiros religiosos, baby showers y fiestas de quinceañeras. Era divertido, pero esporádico, y ambos tuvieron que conseguir empleos más estables. Luis encontró trabajo como conserje de turno nocturno en el tribunal federal del centro de Phoenix. De nueve de la noche a cinco de la mañana, vagaba por los pasillos del juzgado con un carro de basura y puliendo los pisos de mármol. Lorenzo obtuvo empleo como lavaplatos en St. Francis, restaurante de lujo en el centro de Phoenix.

Sus ingresos extra no bastaron para salvar la casa de sus padres, cuyas llaves entregó en 2009 al agente inmobiliario que compró la propiedad. El tipo recorrió entonces la casa, y la pobreza en que aquella familia había vivido lo dejó estupefacto. La construcción era de por sí deficiente, pero, además, las paredes estaban decoloradas tras años de uso. El agente tuvo la viva impresión de que algunos bichos recorrían su piel, y salió disparado. Camino a casa compró un frasco de alcohol, con el que se frotó piernas y pies. No podía imaginar cómo era posible que alguien hubiera vivido ahí. Para Lorenzo, fue su hogar.

Mientras los jóvenes de Carl Hayden luchaban para salir adelante, los ganadores del segundo lugar en la competencia MATE 2004 sobresalían. Thaddeus Stefanov-Wagner, el estudiante que reconstruyó en una semana el sistema electrónico del MIT, consiguió empleo como ingeniero mecánico en Bluefin Robotics, compañía fundada por exalumnos del MIT y fabricante de ROVs autodirigidos para uso comercial, militar y científico. Jordan Stanway, líder del equipo en 2004, se doctoró en oceanografía en el MIT y la Woods Hole Oceanographic Institution, y hoy hace robots submarinos para el Monterey Bay Aquarium Research Institute. Otros miembros del equipo entraron a trabajar a la NASA y ExxonMobile. Todos eran estudiantes sumamente talentosos, y merecían que les fuera bien.

Mientras tanto, en Phoenix, la habilidad de Lorenzo como lavaplatos impresionó a sus superiores, quienes lo ascendieron a cocinero suplente, y luego a cocinero de línea. Casi todos los viernes por la noche, los espaciosos salones de ese restaurante se llenan de clientes elegantemente vestidos. Hay vigas expuestas en el techo, ladrillos rústicos y paredes de concreto, y la puerta del estacionamiento es plegadiza y transparente. Como en muchos otros restaurantes de moda, da la impresión de que aquí alguien dedica mucho tiempo y dinero a hacer que el lugar parezca tosco y marginal.

Los clientes tienden a ignorar a los cocineros, claramente visibles en la cocina abierta. Lorenzo pasa ahí varias horas al día asando salmón y chuletas de cerdo. También es responsable del pan de prosciutto, higo y queso de cabra, y de las albóndigas marruecas. A diario remite docenas de platos a clientes que aprecian el fuerte sabor de la salsa de chile verde y el crujir de los chiles rellenos. Ellos consumen estos platillos sin conocer la historia del experto en robótica, de veinticinco años de edad, que los elabora.

En febrero de 2005 —antes de que la reacción al artículo de *Wired* le brindara dinero suficiente para ingresar a la universidad—, Oscar pasó a ver a un amigo en West Phoenix, y conoció a la prima de éste. Karla Perez estaba de visita, procedente de El Mirage, ciudad al noroeste de Phoenix en la que cursaba el primer año en la Dysart High School.

Oscar no podía dejar de verla. Ella tenía apenas dieciséis, pero sus cejas, del grosor de un lápiz, la hacían parecer mayor, mientras que su sonrisa a medias parecía decir: *Sé lo que tramas, pero no me voy a dejar*. Oscar quedó prendado de ella.

Por su parte, Karla se enamoró de él al instante. Le gustó su manera de vestir: camisa abotonada hasta arriba y sin arrugas, zapatos bien lustrados de piel. Parecía serio y respetable, pese a sus escasos dieciocho años. Ella miraba mientras Oscar y su primo corrían en la calle autos a control remoto. Él parecía muy seguro de sí, muy confiado, aun si bromeaba. "Éste es un hombre que sabe a dónde va", pensó ella.

Esa noche se apretujaron en el Mustang convertible amarillo del amigo de Oscar, para ir a reunirse con unos amigos. Oscar terminó en el asiento trasero junto a Karla. Alguien le tendió entonces una cámara de video para que grabara la noche. Él deslizó la cubierta y se puso a grabar. Al pasar por un tope, Karla dio un salto repentino, y se sujetó instintivamente del trasero de Oscar y lo atrajo hacia ella. Fue incómodo y divertido. Ambos rieron.

En los meses siguientes, los dos siguieron sirviéndose de pretextos para visitar la casa del primo de Karla, donde sabían que se verían. La familia de Karla aprobaba a Oscar, y alentó la relación.

–Ése es justo el tipo de persona que queremos —dijo su tía a Karla. Por alguna razón, cada vez que llegaba la hora de llevar a Karla al otro lado de la ciudad, todos se ocupaban de repente, y Oscar tenía que recorrer los treinta kilómetros hasta El Mirage. Todo iba bien hasta que su auto se descompuso. Él no tenía dinero para arreglarlo, así que el naciente romance se retrasó.

En abril de 2005, Karla intentó volver a poner las cosas en orden y preguntó a Oscar si la acompañaría a su baile de graduación. Estaba segura de que él diría que sí. Imaginaba que ésa sería la noche en que se besarían y empezarían a salir. Se casarían, tendrían hijos y siempre recordarían esa noche como la del inicio de su relación. Pero Oscar le dijo que no podía ir.

—¿Qué? —preguntó Karla.

Se sintió herida, suspicaz y molesta.

—No puedo darme el lujo de acompañarte —dijo Oscar—. Y si no puedo pagar, no puedo ir.

Esto le causó extrañeza a Karla, pero también aumentó su aprecio por él. Su integridad era una de las cosas que más le atraían. Aunque ella era ciudadana estadunidense, sabía que Oscar estaba ilegalmente en el país. También, que batallaba con su situación. Sus padres lo llevaron a Estados Unidos siendo niño, y él había crecido como natural de Arizona. Legalmente, se suponía que debía dejar Estados Unidos por un país que apenas conocía. Una vez en México, podría solicitar su tarjeta verde, pero en su floreciente relación con Karla encontró una razón más para quedarse.

Ella decidió ir a su baile de graduación de cualquier forma —era su gran noche, después de todo—, pero se salió tras un par de horas, y encontró a Oscar en el pequeño restaurante mexicano El Pitic, cerca del aeropuerto. Ella llevaba su vestido de graduación, una prenda lujosa, blanca y con holanes. Lucía radiante entre los descoloridos azulejos del techo de ese restaurante de centro comercial. Se fueron juntos y, más tarde, en la casa de un amigo, se besaron por primera vez. Siete meses más tarde, estaban casados.

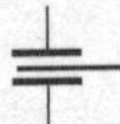

El dinero aportado por los lectores de *Wired* permitió a Oscar inscribirse de tiempo completo en la Arizona State University a partir del otoño de 2005. Decidió estudiar ingeniería mecánica, y se volcó en sus tareas escolares. Los estudios eran un reto intelectual, pero los sentía desligados de la realidad. Fundamentalmente, extrañaba armar cosas. Supuso que la universidad contaría con un equipo de robótica, pero, para su sorpresa, no fue así.

Carl Hayden lo había preparado bien. Para formar un equipo, necesitaba un asesor, así que concertó rápidamente una entrevista con Antonio Garcia, profesor de la Facultad de Ingeniería de la ASU. Oscar le explicó lo instructivas que fueron para él las experiencias de robótica. Las competencias eran un medio excelente para ayudar a los alumnos a aplicar su aprendizaje en el aula. Además, eran muy entretenidas.

–¿Cómo puedo ayudar? —preguntó Garcia.

–Quisiera una beca para formar un equipo.

Era fácil decir que sí a alguien como Oscar. Al final de esa reunión, ya había nacido ASU RoboDevils, con el apoyo del Departamento de Ingeniería. El éxito de este grupo motivaría la aparición de otros equipos de robótica en la universidad, entre ellos un escuadrón de robótica de mujeres. Pero en 2005 sólo eran Oscar y un puñado de compañeros de ingeniería mecánica.

En segundo año, él era ya un líder estudiantil destacado. Era el capitán de RoboDevils y visitaba preparatorias de Phoenix para promover la formación de equipos de robótica. Apareció en el programa *Nightline* de ABC, hablando de sus logros en la robótica y los desafíos de la inmigración. Karla, asimismo, estaba embarazada de su primer hijo. Todo parecía marchar bien.

Pero nada podía cambiar el hecho de que él seguía siendo un inmigrante sin visa ni residencia permanente. Aunque estaba casado con una ciudadana estadunidense y pronto tendrían una hija también estadunidense, el hecho de que él hubiera permanecido en el país tras cumplir los dieciocho lo marcaba. Condenaba al fracaso todo reclamo de residencia o ciudadanía que él pudiera hacer.

La atmósfera política también complicó su existencia cuando la Proposition 300 amenazó con poner prematuro fin a su carrera universitaria. El referéndum correspondiente echó a Cristian de la escuela, pero él sólo era uno entre miles de alumnos de primer año; no sobresalía aún. Oscar ya se había distinguido en la universidad, de manera que se formó un consorcio para financiar sus estudios. La Ira A. Fulton

Schools of Engineering at Arizona State University y Chicanos por la Causa aportaron fondos, como lo hizo también Luis, quien asignó a la educación de Oscar una porción de su beca. Luis asistía al Cordon Bleu College of Culinary Arts y no iba a necesitar todo el dinero, de modo que le dio a Oscar la parte restante. Al terminar su segundo año, Oscar ya tenía comprometido el financiamiento de sus dos años restantes en la ASU.

El 13 de mayo de 2009, el presidente Obama subió al podio del Sun Devil Stadium para pronunciar el discurso principal en la ceremonia de graduación número cincuenta de la ASU. Abarrotaban el estadio más de setenta mil personas, era la ceremonia de graduación más grande en la historia de Estados Unidos. La visita del presidente atrajo tanta atención que, se dice, algunos estudiantes revendieron sus boletos en Craiglist por paquetes de treinta cervezas Bud Light.

A Oscar, la idea de perderse su propia y duramente ganada graduación a cambio de unas cervezas le pareció risible. Aunque hacía calor —la temperatura había llegado en la tarde a cuarenta y tres grados, y una docena de personas tuvieron que ser llevadas de emergencia al hospital—, Oscar lucía fresco y elegante con su camisa azul bien planchada, su clásica toga negra y su birrete con una borla amarilla. Estaba listo para graduarse.

Parte de su emoción se debía a un secreto: no les había dicho a Karla ni a sus padres que él sería uno de los tres alumnos de último año, entre un grupo de más de nueve mil, que recibirían "honores especiales" como miembros sobresalientes de la generación 2009. Los organizadores le reservaron un lugar cerca de Obama. Al iniciar la ceremonia, Christine Wilkinson, vicepresidenta ejecutiva de esa universidad, subió al podio y, para sorpresa de Karla, pidió a Oscar que se pusiera de pie frente al presidente Obama y aquella multitud de setenta mil personas.

Oscar se levantó, acompañado de una gigantesca y avergonzada sonrisa.

—¡Dios mío! —gritó Karla desde las tribunas—. ¡Es mi esposo!

—En la primavera de 2004, Oscar y sus tres compañeros de equipo se lo llevaron todo —dijo Wilkinson.

Describió el éxito de Oscar en Santa Bárbara, haciendo notar que su equipo había triunfado gracias a su "ingenio, positiva visión y disposición a trabajar con esmero".

—¡Es mi esposo! —volvió a gritar Karla.

—Oscar se distingue por ser un líder, un motivador de su equipo.

Wilkinson refirió entonces el deseo de Oscar de alistarse en el ejército, pero señaló que un "tecnicismo migratorio" había descarriado tanto su educación como su carrera militar. La robótica, dijo, sostuvo en ese periodo su desfalleciente espíritu y le permitió concentrarse en su educación pese a todos los retos. Ahora él cruzaba la línea de meta.

—Se graduará como licenciado en ingeniería mecánica —dijo Wilkinson mientras la multitud vitoreaba y el presidente aplaudía con aprobación—. ¡Felicidades, Oscar!

Tras ser presentado por el presidente de la ASU, Obama subió al podio y dijo a los graduados que llegaban a un mundo "convulsionado". Dos guerras estaban en marcha en aquellos días, y la crisis financiera causaba disturbios en el mundo entero. Pero, dijo Obama, quería que su público supiera que había esperanza.

—Sé que iniciar su carrera en tiempos difíciles es todo un reto —añadió—. Pero también es un privilegio. Porque momentos como éste nos obligan a esforzarnos más, a cavar más hondo y a descubrir dones que ignorábamos tener; a encontrar la grandeza que reside en cada uno de nosotros. Así pues, no rehúyan la tarea. No se arredren ante su labor. Estoy seguro de que ustedes estarán mejor gracias a ese esfuerzo continuo, lo mismo que esta nación a la que todos amamos.

Oscar escuchaba con atención. Había cumplido veintidós años y llevaba una década en Estados Unidos. Tenía una esposa y una hija estadunidenses, y había hecho una vida en Phoenix. Pero esto lo volvía más vulnerable que nunca, pues se arriesgaba a perder todo lo que amaba si era deportado. Podía graduarse con un valioso título en ingeniería mecánica, y el presidente de la nación podía aplaudir sus logros, pero él seguía siendo un forajido.

Decidió hacer lo que Obama había pedido a la generación 2009: no rehuir la búsqueda de su grandeza. Decidió deportarse.

El primero de septiembre de 2009, Oscar regresó a México por vez primera en diez años. El Greyhound que lo llevó a El Paso desapareció a sus espaldas, mientras él cruzaba el puente a Ciudad Juárez. Abajo, el río Grande era un riachuelo sucio y negro. Los mexicanos no eran tan tontos para llamarlo Grande. Durante años, agricultores de ambos lados de la frontera extrajeron casi toda su agua. Que siguiera existiendo era una sorpresa. En México le llaman río Bravo.

Karla acompañaba a Oscar y dejaron a la bebé con su madre. Quería apoyarlo, pero estaba nerviosa. En 2009, Juárez era clasificada como la ciudad más peligrosa del mundo, a menudo con más de cien homicidios a la semana. Para Karla, era como regresar a una época de anarquía y pobreza. Los autos en Ciudad Juárez eran veinte años más viejos, las calles disparejas, y muchas ventanas estaban tapiadas. Los automovilistas ignoraban los semáforos y se desplazaban bruscamente de un carril a otro. El solo hecho de caminar por la banqueta parecía peligroso. Karla se aferró al brazo de Oscar.

Él conservaba su estoicismo. No iba a permitir que sus emociones se apoderaran de él. Al otro lado del puente, tomaron un taxi y se dirigieron a una clínica a una calle del consulado estadunidense. Los solicitantes de residencia debían tener buena salud, así que Oscar se hizo sacar sangre y tomar rayos x del pecho. Se confirmó así que estaba en perfecta forma. Al menos desde esta perspectiva, era un candidato ideal para la ciudadanía estadunidense.

Se hospedaron en el Quality Inn, hotel en la misma calle que el consulado. La recepcionista les advirtió que no fueran lejos:

—Esta calle alrededor del consulado está bien, pero no vayan más allá.

También les recomendó llegar temprano al consulado; la cola podía ocupar toda la calle.

Despertaron al amanecer. Oscar se sentía fatal; le había dado influenza, pero quería ignorarlo. Caminaron a oscuras por la calle. Encontraron a cientos de personas ya formadas. Ellos ocuparon su lugar en la fila y esperaron. Cuando el sol salió, comenzó a hacer calor. La fila aumentaba un poco cada hora. Después de cinco, llegó el turno de Oscar. Los solicitantes de permisos de residencia no tenían acceso al consulado; llegaban hasta una ventanilla antibalas. Oscar se inclinó. Un hombre estaba sentado al otro lado.

—Me gustaría solicitar la residencia —dijo Oscar.

—¿Documentos? —pidió el empleado, que parecía exhausto.

Oscar deslizó por una ranura su solicitud y su certificado médico. El empleado revisó someramente el paquete y vio que Oscar estaba casado con una estadunidense y tenía una hija estadunidense. Le pidió confirmar su fecha de matrimonio y deletrear el nombre de su hija.

Entonces le hizo una pregunta simple:

—¿Siempre estuvo ilegalmente en Estados Unidos?

Oscar habría podido contestar que no. El consulado verifica los antecedentes penales, pero no tiene tiempo de indagar minucias de la vida de cada aspirante. Tal vez buscarían documentos sobre su graduación en la ASU, o sobre alguna otra señal confirmatoria de su larga estancia en Estados Unidos; pero admitir que había estado ilegalmente allá garantizaría el rechazo de su solicitud.

No obstante, Oscar se negó a mentir. No quería obtener la ciudadanía con un fraude. Deseaba que Estados Unidos lo quisiera. Esperaba comprensión, así que miró a aquel hombre y dijo la verdad:

—Sí. Mis padres me llevaron ilegalmente allá cuando yo tenía doce años, y viví ahí hasta ayer.

—Su solicitud será rechazada —dijo mecánicamente el empleado.

Oscar sintió como si le dieran una bofetada. Pero el empleado le explicó que podía pedir una exención; era su única esperanza. Tendría que demostrar que estar lejos de su familia causaría penalidades extremas a su esposa e hija. Como ambas eran estadunidenses, el gobierno podía mitigar su pena. El empleado le instruyó volver en once semanas para presentar su caso. Entre tanto, tendría que permanecer en México.

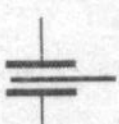

Oscar bajó del autobús en Temosachic. En su recuerdo, su pueblo era una prístina comunidad rural. Ahora parecía un abandonado cúmulo de casas derruidas a un costado de una carretera estatal. Lucía sucio y despoblado. Avanzó por la calle principal y vio casas tapiadas. Muchos de sus vecinos habían partido desde tiempo atrás hacia Estados Unidos, lo que otorgaba al lugar una sensación de pueblo fantasma.

Encontró la casa de su niñez. La hierba estaba muy crecida alrededor, y al asomarse por las ventanas polvorientas vio que el interior estaba cubierto de telarañas. Sacudió la puerta de metal; estaba cerrada. Él no tenía llave, así que fue hasta la tienda de llantas de la calle principal, propiedad de un viejo amigo de la familia. Regresaron juntos, desprendieron la puerta, le pusieron una nueva chapa y la reinstalaron en la fachada.

Oscar se quedó ahí, y trató de sacar el mayor provecho posible a su tiempo. Limpió la casa y consiguió trabajo pizcando frijol por 3.80 dólares diarios. No era lo que esperaba luego de haberse graduado como ingeniero mecánico. En las mañanas, la temperatura rondaba el punto de congelación y era difícil tomar entre los dedos los tallos de las plantas. Cuando el sol se elevaba, la temperatura aumentaba drásticamente, pasando a veces de los treinta y dos grados. Tras seis horas de pizcar, Oscar estaba empapado en sudor, pero trabajaba rápido. Seguía queriendo ser el mejor, incluso si eso significaba, por ahora, ser el mejor pizcador de frijol.

Once semanas más tarde, Karla estaba nerviosa en la estación de autobuses de Ciudad Juárez. No había visto a Oscar en casi tres meses, y lo buscaba entre la muchedumbre. Vio que un hombre fornido se dirigía hacia ella y se tensó. Llevaba unas botas con suela de llantas de auto y jeans manchados de lodo. Mantenía gacha la cabeza, ocultando los ojos bajo una gorra vieja y decolorada de la Arizona State University.

—¿Oscar? —preguntó vacilante.

Él alzó la mirada, sonrió y la envolvió en sus brazos. El ejercicio en el campo lo había hecho adelgazar. Karla sintió mariposas en el estómago, como una adolescente que se volvía a enamorar.

—¿Por qué estas vestido así? —lo reprendió—. Hueles mal.

Buscaron un taxi, y Oscar le explicó que quería pasar inadvertido. No quería parecer estadunidense y llamar la atención de ladrones y gángsters. El mal olor procedía del queso que llevaba en la mochila. Él mismo lo había hecho, y esperaba que su aroma punzante convenciera a la gente de que él no era sino un pobre campesino.

Karla había llegado preparada. Luego de registrarse en el Quality Inn, desempacó el traje de bodas de Oscar. Él se bañó, y salió luciendo fenomenal: muy arreglado, fuerte y apuesto. Era la primera vez que se ponía ese traje desde la boda.

"¡Vaya!", pensó Karla. "¡Miren nada más qué hombre!" Estaba segura de que Estados Unidos lo querría para sí.

Pero de todos modos rogaba que el gobierno comprendiera. Ella trabajaba con tesón en la oficina de Alamo Rent A Car, en el aeropuerto de Phoenix. Su salario era todo el dinero que tenían. A razón de cuatro dólares diarios, la pizca de frijol que hacía Oscar era una contribución insignificante. En estas condiciones, Karla no podía comprar comida suficiente y mandarle a Oscar dinero para los boletos de autobús. Tuvo que aceptar la caridad de un banco de alimentos del área de Phoenix, para alimentarse y dar de comer a su hija, de un año de edad. Ahora el tiempo que dedicaba a estar con Oscar no hacía más que agravar su situación. Deseaba desesperadamente que él volviera.

Después de seis horas en la fila, Oscar se presentó otra vez en la ventanilla antibalas del consulado. Intentó reacomodarse el traje; había perdido parte de su pulcritud en las horas que pasó bajo el sol. Pero él no dejó que eso lo desmoralizara. Se irguió, su corbata perfectamente anudada, y deslizó al empleado su formato I-601, denominado "Solicitud de exención por motivos de inadmisibilidad", en compañía de una copia de su diploma de la ASU, una reimpresión del documento oficial de la Cámara de Representantes de Arizona que reconocía sus logros y cartas de apoyo de Karla, Allan y Fredi. El empleado se quedó perplejo.

"Cuando tuve que dejar a Oscar en Juárez, fue como si dejara una parte de mí", había escrito Karla al gobierno. "Hemos sido buenas personas y trabajamos en extremo por lo poco que tenemos [...] No merecemos que nuestra familia esté dividida. Les ruego que concedan a Oscar Vazquez el derecho a vivir y trabajar con su familia en Estados Unidos. Él sólo quiere ver por nosotros, y tener un hogar dulce en el que nuestros hijos crezcan."

El empleado tomó los documentos y dijo que el gobierno emitiría una decisión en un plazo de siete a diez días.

—Gracias, señor —respondió Oscar.

Una semana después, él recibió la noticia de que la decisión lo esperaba en una oficina local de DHL. Karla y él subieron apresuradamente a un taxi, para hacer el viaje de doce minutos. El taxista solía cubrir esa ruta, haciendo un negocio próspero del traslado de posibles inmigrantes, desde el consulado hasta esa compañía de mensajería. Con frecuencia, él mismo llevaba a los clientes de regreso al hotel, así que había visto volverse realidad los sueños de muchas personas. En esos casos, el retorno era una celebración. Pero también había devuelto a clientes en completo silencio, entonces un manto de tristeza cubría el taxi.

—Le puedo asegurar algo —dijo de camino a Oscar—. Si el paquete es grueso, la noticia es buena. Si es delgado, no.

El taxista los dejó dentro del edificio bardeado de DHL, quedándose en el gran estacionamiento con suficiente espacio para los taxis en espera, mientras la gente se enteraba de su destino. Karla tomó a Oscar de la mano, entraron, mostraron la identificación de él y recibieron un sobre delgado. Karla sintió que los ojos se le llenaban de lágrimas. Oscar abrió el sobre, aturdido.

"Se ha establecido que usted no reúne las condiciones exigidas para obtener una visa", decía la carta.

Le habían fijado además la pena máxima: se le echaba de Estados Unidos por una década.

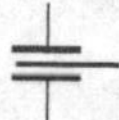

Karla regresó a Phoenix en un Greyhound, sollozando durante casi todo el camino. Apenas recuerda cuando se despidió de Oscar en Juárez. Él sencillamente desapareció.

Oscar sabía que Temosachic no tenía nada que ofrecerle, y Ciudad Juárez era demasiado peligrosa. Sin muchas opciones, abordó un autobús a Magdalena, ciudad ubicada una hora al sur de la frontera con Arizona. Un tío de Karla vivía ahí; eso era mejor que nada. Tomó en renta un cuarto de concreto junto a un río seco, y se presentó a solicitar empleo en empresas de la localidad. Pero él no era el único que necesitaba trabajo. Dos semanas después aún no encontraba nada, pero se enteró de que una fábrica de partes automotrices a las afueras de la ciudad estaba contratando personal.

Se formó con una docena de candidatos como él en la puerta de la fábrica, y consiguió cita para una entrevista al día siguiente. Se presentó con su currículum y su diploma de la ASU.

El entrevistador se mostró sorprendido.

—Tiene un nivel de estudios muy alto.

–Sí, señor, pero estoy dispuesto a realizar cualquier trabajo.

–Sólo tenemos puestos de bajo nivel en la línea de montaje. Usted está sobrecalificado para eso.

–Haré con gusto cualquier cosa.

Sus aspiraciones estaban destrozadas. Ya no soñaba con alcanzar algo importante o hacer robots de punta. No tenía contactos ni dinero, y debía forjarse una vida en un país que no conocía. Eso era suficiente desafío.

Se le contrató para supervisar una porción de la línea de montaje y empezar a hacer módulos eléctricos, el haz de cables tras el tablero y bajo los asientos de un auto. Le pagaban alrededor de veintidós dólares diarios. Esto era mejor que pizcar frijol, pero distaba de ser ideal. Un mes más tarde consiguió una conexión a internet y se puso a buscar oportunidades en otros países. Sabía que los alemanes apreciaban el talento en ingeniería, y no le estaba prohibido mudarse ahí. Tal vez podría llevar a su familia a Europa si no se le quería en Estados Unidos.

Una noche le llamó a Karla y trató de parecer alegre. Era difícil. Había tiroteos en las calles de vez en cuando, y Oscar tenía que agacharse junto a las paredes de su casucha. Las balas rebotaban en el techo metálico y chocaban con un golpe sordo en las paredes. Él apagaba la luz y esperaba que nadie quisiera entrar. Una mañana, vio ocho cadáveres en la calle. Le dijo a Karla que le era difícil conservar su optimismo.

–Estoy muy solo.

En uno de sus primeros días de descanso, le habló a Allan por teléfono.

–¡Es absolutamente increíble! —le dijo Allan—. No sabes cuánto lo siento.

–Estoy bien.

Oscar no quería que se preocupara por él.

–Es bueno oír eso —dijo Allan animadamente.

No quería que la conversación deprimiera a su exalumno estrella.

Debbie arrebató el teléfono a su esposo. En su opinión, no estaba haciendo las preguntas correctas. Ella interrogó a Oscar sobre las condiciones en que vivía. Oscar tuvo que admitir que dormía en el suelo y no tenía muebles.

—Bueno, eso es algo que nosotros podemos remediar —anunció ella, y le pidió a Allan disponer su camioneta para un viaje.

Ella la cargó con todo lo que se le ocurrió que Oscar podría necesitar para iniciar una vida en México: una cama, sábanas, toallas, una televisión, platos, cacerolas, sillas y un sofá. Karla fue a PetSmart y compró dos cobayos, confiando en que ayudarían a Oscar a sentirse menos solo. Los peludos roedores se la pasaron corriendo encima de una enorme pila de cosas en el asiento trasero de la Toyota Tundra blanca de Allan durante el viaje de cuatro horas a Magdalena.

Oscar encontró difícil expresar lo que su llegada significaba para él. Era un recordatorio de lo que él había sido tiempo atrás, del chico que soñaba con hacer grandes cosas.

—¡Gracias! Es que...

Debbie lo ahogó en un abrazo y le palmeó la espalda mientras él contenía las lágrimas.

—No estás solo —le dijo ella—. Vamos a superar esto juntos.

Partidarios de Oscar en todo el país emprendieron una campaña de cartas para convencer al gobierno de que revirtiera su decisión. CNN se ocupó de su asunto, lo mismo que *The Arizona Republic*. "¿No es él acaso el tipo de persona que querríamos que entrara al país?", preguntó John Zarrella, el conductor de la CNN. "Personas de alto nivel educativo, grandes habilidades y con un título de ingeniería."

En Washington, D.C., el caso de Oscar llamó la atención del senador Dick Durbin. Durbin y el senador republicano Orrin Hatch creían que Estados Unidos desperdiciaba un extraordinario recurso al pasar por alto el talento de individuos como Oscar. En 2001, Durbin propuso una ley que ofrecía una vía a la nacionalización a jóvenes inmigrantes con al menos cinco años en Estados Unidos y que asistieran a la universidad. Se titulaba Development, Relief, and Education for Alien Minors Act, también conocida como DREAM Act. "La DREAM Act permitiría a un grupo selecto de estudiantes inmigrantes dotados de enorme potencial hacer mejores contribuciones al país", explicó Durbin en ese entonces.

Pero fue imposible lograr siquiera que este proyecto de ley se sometiera a votación. Durbin siguió intentándolo en los años sucesivos, pero no hacía muchos progresos. Algunos senadores estaban en contra porque querían una reforma migratoria integral, no parcial. Otros temían temores más graves; creían que la DREAM Act ofrecería amnistía y alentaría la migración desde México.

En el otoño de 2010, Durbin hizo un nuevo intento por convencer a otros senadores de aprobar aquella ley. Había transcurrido casi una década desde su propuesta original, y por fin logró someterla a votación. Decidió que sería útil dar rostro al apuro en que muchos jóvenes se encontraban. Habló con Oscar, y exhibió un cartel con la foto del joven ingeniero en la sala de sesiones del Senado estadunidense.

—Éste es Oscar Vazquez —dijo a sus colegas.

Explicó que él y sus compañeros de equipo habían vencido al MIT y ganado un concurso de robótica patrocinado por la NASA. Añadió que Oscar había abandonado el país.

—A este joven extraordinario, ingeniero mecánico ganador de una competencia nacional, una persona que puede aportar algo a la nación, con esposa y familia aquí, que ha hecho lo correcto volviendo a su país de origen pese a tener ya muy pocos vínculos con él, le estamos diciendo: Estados Unidos no te necesita —sentenció Durbin.

Ese emotivo ruego no alteró el resultado. Los senadores republicanos aplicaron tácticas obstruccionistas y bloquearon la votación. "Esta ley es en esencia un premio a la ilegalidad", declaró Jeff Sessions, senador de Alabama, en defensa de la obstrucción. Los demócratas necesitaban sesenta votos para romper el *impasse*; reunieron sólo cincuenta y cinco, y la ley fue pospuesta una vez más.

Durbin creía que eso no era justo para estudiantes cuyos padres los trasladaron de niños a Estados Unidos. Estos jóvenes querían vivir legalmente en el país y asistir a la escuela. Él no había podido cambiar su destino, pero tal vez podía hacer algo por uno de ellos. Su equipo se puso en contacto con United States Citizenship and Immigration Services, agencia a la que pidió reconsiderar su postura frente a la solicitud de Oscar. Tal vez esto haría una diferencia.

En julio de 2010, Karla subió al auto a Samantha, su hija, y lo estacionó a un lado. Había pedido tres días de descanso para poder ir a ver a Oscar, pero, ya en plena calle, se detuvo. Sentía que olvidaba algo, y decidió revisar el buzón. No lo revisó ese día, y decidió sacar lo que hubiera en él.

Entre un montón de cuentas vencidas encontró un sobre del U.S. Immigration and Customs Enforcement. Lo abrió confundida y leyó dos veces la carta antes de volverla a guardar.

Respiró hondo, regresó a su auto y emprendió el viaje de cuatro horas a Magdalena. Al llegar allá, envolvió a Oscar en sus brazos.

Él notó algo raro.

–¿Qué pasa?

–Descarguemos el auto.

–Dime.

–El auto —ordenó Karla.

Él descargó obedientemente el auto y bajó a Samantha para que durmiera una siesta. Una vez en silencio la habitación, Karla sacó la carta y se la tendió.

–¿Qué es esto?

–Lee.

Oscar la miró y comenzó a leer: "Su solicitud de residencia permanente en Estados Unidos de América ha sido aprobada".

No dijo nada.

–Sabes lo que esto significa, ¿verdad?

Él no podía hablar.

Karla lo tomó de las manos.

–Significa que vuelves a casa.

A fines de agosto de 2010, Oscar regresó a Estados Unidos tras una estancia de un año en México. La compañía de autopartes en la que trabajaba le ofreció un ascenso y un aumento si se quedaba en Magdalena. Él rechazó cortésmente el ofrecimiento.

Allan y Debbie le hicieron una gran fiesta de bienvenida en su jardín. Lorenzo y Luis llevaron la comida. Hacía calor, así que optaron por un menú fresco y crujiente: ensaladas, charola de quesos y agua de melón con rebanaditas de esta fruta flotando en la jarra. Cuando vieron a Oscar, lamentaron no haber llevado carne asada; su amigo había adelgazado viviendo solo. Las mejillas se le habían hundido y había perdido el peso del líder de la brigada de cadetes que alguna vez había sido. Pero a Oscar no le importaba. Estaba feliz de haber regresado.

Su ausencia de Estados Unidos atrajo la atención de medios nacionales, y con ella la de Bard, una compañía de S&P 500 con veintiún mil empleados dedicada al diseño y producción de equipo para el cuidado de la salud. Inicialmente, antes de que se le readmitiera en Estados Unidos, un director de operaciones de esa compañía le envió un e-mail a Oscar en el que le proponía contratarlo en Nogales. Pero cuando él recibió el permiso de residencia, Bard le ofreció trabajo en su oficina en Phoenix. Oscar participaría en el diseño de dispositivos médicos que salvan vidas, como stents (endoprótesis vasculares) y catéteres. Parecía una oportunidad magnífica.

Pero dos meses después de su retorno, pasó en bicicleta junto a una oficina de reclutamiento del ejército en un centro comercial en East Baseline Road. A lo largo de los años aprendió a ignorar esas oficinas de reclutamiento, pero esta vez algo lo hizo detenerse.

"Puedo hacerlo", pensó. "Podría alistarme."

Metió su bicicleta al centro comercial y entró a la oficina. El reclutador se puso feliz al saberlo. La guerra en Afganistán continuaba con toda su furia; el ejército necesitaba candidatos de alta calidad como él. Tenía un título universitario, y podía solicitar su ingreso a la Officer Candidate School. Era una decisión lógica, pero a Oscar no le interesaba comenzar como oficial.

—Quiero servir como soldado —dijo al reclutador.

No podía imaginarse dirigiendo a otros en batalla sin haber experimentado la guerra como soldado raso. Quería que su autoridad se fundara en la experiencia, no en unas barras en sus hombros.

—Entrarías como especialista —le advirtió el reclutador.

Era una senda difícil. Empezaría casi desde lo más bajo de la jerarquía militar, y tendría que abrirse camino paso a paso en la cadena de mando. Esto podría llevarle años, pero él ya estaba acostumbrado a cosas así. No creía en atajos. Creía en el trabajo empeñoso.

—Me parece muy bien —dijo al reclutador.

En mayo de 2011, Oscar se arrastraba sobre charcos de lodo en Fort Knox, Kentucky. Había concluido su instrucción básica, y ahora se preparaba como explorador de caballería. Estaba cubierto de cieno y sudor. La temperatura ambiente era de treinta y dos grados, pero la humedad hacía que se sintiera aún peor.

No podía estar más feliz. Desde su ingreso al ROTC en su primer año en Carl Hayden había soñado con incorporarse al ejército y demostrar que merecía ser estadunidense. Mientras los otros cincuenta y tantos miembros de su batallón se sumergían en el fango junto a él, el sargento de instrucción gritó su nombre. Él se levantó, echó a correr y saludó a su superior.

–¡Vazquez, arréglese y repórtese con el A. G.! —espetó el sargento.

Oscar siguió las órdenes y se presentó en el edificio del ayudante general, unidad de recursos humanos del ejército. Entró a una sala junto con otros seis cadetes. Un juez civil aguardaba. Era su ceremonia de nacionalización como estadunidense.

–Levante la mano derecha —instruyó el juez.

Oscar desbordaba orgullo cuando alzó la mano. Por fin iba a pertenecer a un lugar. Pero era también más que eso, él pasaría a formar parte de algo más grande que él mismo: el ejército, el país y una idea sobre cómo se debe vivir en común.

"Declaro bajo juramento que renuncio y abjuro total y completamente de toda lealtad y fidelidad a cualquier príncipe, potentado, Estado o soberanía extranjeros a los que hasta ahora haya estado sujeto o de los que hasta este momento haya sido ciudadano", dijo Oscar.

Este juramento es algo que la mayoría de los estadunidenses desconoce. Quienes nacen en el país no están obligados a hacerlo y, por tanto, suelen ignorar sus obligaciones como ciudadanos. Oscar no estaba en ese caso. Comprendía cada palabra del juramento.

"Que apoyaré y defenderé la Constitución y las leyes de Estados Unidos de América contra todos sus enemigos, externos e internos", añadió. "Que portaré armas en nombre de Estados Unidos cuando la ley así lo requiera."

El 29 de noviembre de 2011, Oscar abordó un avión con destino a Afganistán. Karla y Samantha se despidideron de él agitando la mano en el área de salida. Esta partida fue dura para Karla. Ya se había acostumbrado a tener en casa a su esposo. Y tenía cinco meses de embarazo de su segundo hijo. Pero por más que había querido que él aceptara la oferta de Bard, no le sorprendió la decisión de Oscar de alistarse:

—Sabía lo que sucedería en cuanto él volviera a Estados Unidos. Ése era su sueño.

Oscar fue enviado a un remoto puesto de avanzada en la montañosa provincia de Paktia, en el este de Afganistán. El ejército llamaba Firebase Wilderness a ese lugar, aunque los soldados que vivían ahí sólo le decían Wild. Ocupaba el fondo de un empinado barranco entre las montañas. Para Oscar, era un sitio difícil de defender, ya que casi cualquiera podía hacer llover fuego sobre ellos desde las alturas.

Tenía razón. Casi a diario, combatientes enemigos lanzaban misiles al amanecer contra el puesto de avanzada. Oscar pensaba que era su manera de decir "Buenos días". Justo cuando comenzaba a habituarse a la rutina de la vida en ese lugar, su batallón fue remitido a las montañas, a una misión de búsqueda y destrucción. La meta era simple: buscar enemigos y liquidarlos.

El batallón caminó cinco días por las montañas y no vio nada notable. Se cansó de subir y bajar barrancas con grandes mochilas y corazas. Estaban a punto de instalar su campamento cuando una ráfaga de fuego estalló en su cabeza. Corrieron a cubrirse y atrincherarse en la ladera. El talibán no hizo nada toda la noche. Fue como si quisiera desgastar anticipadamente a los soldados.

En la mañana, Oscar y el sargento de su batallón subieron la colina como pudieron, para montar un puesto de observación. Cuando llegaron a la cima, una poderosa descarga de fuego abrió el suelo a su alrededor. El tiroteo había comenzado.

—¡Respondan el fuego! —gritó el sargento.

Ésta fue la primera experiencia de combate de Oscar, y temió paralizarse. Dedicó años a subir por cuerdas y hacer lagartijas como cadete del ROTC, con la idea de pelear por Estados Unidos. Se deportó a sí mismo del país para tener el honor de defenderlo algún día. Ahora todos esos años de expectación se amalgamaban. Quitó el seguro de su rifle M4 y se iluminó la colina al otro lado del valle. Proyectiles de artillería estallaban a su alrededor, cubriéndolo de polvo. Cambió de posición y siguió disparando. Ya no estaba asustado ni preocupado. Cuando el enemigo se retiró, el tiroteo amainó poco a poco y Oscar experimentó una sensación de realización.

"Esto es justo lo que quería hacer", pensó.

Era ya un verdadero soldado estadunidense.

En el otoño de 2013, Hollywood inició el rodaje de una película sobre el equipo de robótica de Carl Hayden. Era una coproducción de Lionsgate Entertainment y Grupo Televisa, la compañía mexicana de televisión, y giraba en torno a la victoria de ese equipo en Santa Bárbara. El filme termina al anunciarse los premios de la competencia MATE 2004. Así como, en la realidad, el anunciador ejecutó un pequeño redoble en el podio antes de llamar a Carl Hayden al estrado, el actor que interpreta al anunciador tamborilea en el podio. Los actores que interpretan a los adolescentes se ponen de pie de un salto, justo como lo hicieron Oscar, Lorenzo, Cristian y Luis. Momentos como éste son el final apropiado para una película.

La vida real es más complicada. La atención que se prestó al equipo, a raíz de su victoria, coincidió con una acometida contra los inmigrantes en Arizona. Los electores de ese estado aprobaron las Propositions 200 y 300, que vuelven más difícil para los inmigrantes vivir ilegalmente en el país para poder asistir a la universidad. Esto tuvo un impacto directo en Oscar y Cristian, quienes lucharon por igual para obtener su título. Mientras, al final, Oscar se graduó, Cristian no pudo hacerlo.

La atmósfera en Phoenix se polarizó aún más en los años posteriores a la victoria de Stinky. En 2008, el sheriff Joe Arpaio inició patrullajes exhaustivos en West Phoenix. Envió a sus oficiales a colonias predominantemente latinas con la instrucción de aplicar todas las leyes de tránsito. La meta era detener a los vecinos por delitos menores, exigir pruebas de ciudadanía o residencia y deportar a quienes estuvieran ahí ilegalmente. Arpaio dijo a la CNN que podía determinar el estado de residencia de alguien por "su conducta, la ropa que lleva puesta o su manera de hablar".

Sus acciones llamaron la atención del Departamento de Justicia, que lanzó una investigación de la oficina del sheriff del condado de Maricopa, la cual duró tres años. Investigadores federales determinaron que la organización de Arpaio tenía "una extendida cultura de sesgo discriminatorio contra los latinos", la que "llega hasta los niveles más altos de la agencia". En 2011, el gobierno federal revocó la autoridad de Arpaio para identificar y arrestar a inmigrantes.

Pero esa misma autoridad fue explícitamente otorgada a otros agentes estatales de la ley por la Arizona State Bill 1070, intento por presionar aún más la salida del estado de inmigrantes indocumentados. Aprobada en 2010, esta ley impuso penas muy estrictas a quienes alojen, contraten o transporten a inmigrantes no registrados, y exigió a agentes locales de la ley interrogar a individuos sospechosos de residir ilegalmente en el país. Aunque la Suprema Corte federal derogó algunas de sus cláusulas, mantuvo elementos clave, de modo que esta ley es considerada una de las medidas más agresivas para restringir la inmigración indocumentada.

En el ámbito nacional, la actitud hacia los migrantes también ha dado origen a desacuerdos crecientes. Repetidos intentos de aprobar leyes de reforma migratoria se han frustrado en la Cámara de Representantes, ya que los conservadores aducen que toda tentativa de amnistía no hará sino premiar a quienes han infringido la ley. De igual forma, la DREAM Act se ha atorado en alegatos, según los cuales, permitir que jóvenes que han llegado de manera ilegal a Estados Unidos obtengan la residencia por asistir a la escuela brinda un incentivo adicional a las familias que entran al país de modo ilegal. En julio de 2012, el presidente Obama avivó la indignación conservadora al emitir una orden ejecutiva que retrasaría dos años la deportación de inmigrantes que calificaran para la DREAM Act, si ésta se hubiera aprobado. Lorenzo y Cristian se ampararon bajo esa orden, y recibieron la llamada "acción diferida". Esto les otorgó seguridad temporal, pero el presidente siguiente podría cancelar ese programa en cualquier momento.

Opositores a la DREAM Act ven a los inmigrantes como competidores por recursos estadunidenses limitados. "¿Qué dirán ustedes a un joven estadunidense que no pudo ingresar a la universidad estatal, cuya familia no puede pagar una universidad privada, porque ese lugar y este subsidio se han otorgado a alguien que reside ilegalmente en el país?", pregunta Ira Mehlman, director de medios de la Federation for American Immigration Reform, organización que presiona contra la DREAM Act.

Algunas señales indican que la vehemencia del movimiento antimigratorio ha alejado a los migrantes. A escala estatal, la matrícula de las escuelas públicas de Arizona ha descendido desde la aprobación de las propuestas antimigratorias 200 y 300. Algunos proyectos de construcción en Phoenix se han retardado supuestamente por falta de mano de obra. Para algunos, estos hechos son positivos. "Arizona se ha visto arrollado por la inmigración ilegal y sus negativas consecuencias: crimen, mayor costo de los servicios públicos, en especial la educación, y caída del salario", dijo el representante de ese estado John Kavanagh. "Negar la colegiatura estatal, además de ser justo para los residentes, también disuade a inmigantes ilegales de venir aquí."

La película ofrece un final feliz. Un final que sigue escapando a algunos de los individuos retratados en su historia. En una de las últimas escenas, Esai Morales, el actor que interpreta al papá de Lorenzo, llega a la ceremonia de premiación de MATE y ve a su hijo ganar el campeonato nacional. La cinta describe la mala relación entre ambos, y cómo Lorenzo nunca se sintió amado por su padre. Yo estuve junto al Lorenzo real durante la filmación de esa escena en Albuquerque, Nuevo México. Él vio a José Julián, el actor que lo interpreta en el filme, mirar a Morales y caminar hacia él. Morales abrazó entonces a Julián. Lorenzo y yo vimos fluir la emoción entre los rostros de los dos actores: orgullo, alivio y amor. Lorenzo se paralizó.

–¡Corte! —gritó de pronto el director.

Los actores enjugaron sus lágrimas, rieron y se marcharon.

Lorenzo y yo permanecimos en la orilla del salón de banquetes.

Él se miró los pies. Por fin se volvió hacia mí y dijo tranquilamente, tratando de no llorar:

–Mi padre nunca hizo eso.

Diez años después de derrotar al MIT, Lorenzo trabaja como cocinero de línea en St. Francis, restaurante de lujo en Phoenix.

Oscar terminó su viaje de servicio a Afganistán y dejó el ejército estadunidense en junio de 2014, tras alcanzar el rango de sargento. Ahora se desempeña como capataz en la fábrica de locomotoras de la compañía ferroviaria BNSF.

De nueve de la noche a cinco de la mañana, cinco veces a la semana, Luis vacía botes de basura en el tribunal federal del centro de Phoenix. Los fines de semana ofrece, junto con Lorenzo, servicios de banquetes para bodas, fiestas de quince años y retiros religiosos.

Cristian sigue viviendo en casa de sus papás e inventando cosas en su cuarto.

Fredi aún da clases en Carl Hayden y asesora al equipo de robótica. En 2011, 2012, 2013 y 2014, el equipo ganó el campeonato de robótica FIRST en Arizona. Ha alcanzado los más altos honores en competencias regionales, nacionales e internacionales, lo que lo convierte en uno de los programas educativos más condecorados del país. Entre 2002 y 2008, Fredi no recibió compensación alguna por su trabajo en ese equipo. Desde 2008 recibe tres quintas partes del estipendio de un entrenador, aproximadamente doscientos cuarenta dólares al mes.

Allan se retiró en 2006 y hoy dedica su tiempo a ayudar al equipo de robótica.

Agradecimientos

Hace diez años volé a Phoenix para visitar la Carl Hayden Community High School y conocer a su extraordinario equipo de robótica. Fui alertado de los logros de esos estudiantes por Marcos Garcíaacosta, empleado de Intel que tuvo la gentileza de escribirme. Agradezco que lo haya hecho.

Mis colegas en *Wired* han sido sumamente comprensivos a lo largo de los años. Federico Schott diseñó el artículo original, Livia Corona tomó fotos fabulosas y Zana Woods las editó. Joanna Pearlstein realizó la verificación de datos. Bob Cohn era el editor ejecutivo en esa época y me enseñó mucho sobre ser periodista. Chris Anderson, editor en jefe de 2001 a 2012, me inició en el periodismo y me mandó a Phoenix en 2005. Sobre todo, Mark Robinson ha sido mi editor desde hace mucho tiempo. Él ha leído múltiples borradores de casi todo lo que he escrito, e invariablemente los ha mejorado. Es un verdadero mentor y amigo.

Mi agente literaria, Bonnie Nadell, creyó en esta historia desde el principio, y ha sido una promotora incansable de ella. Sean McDonald, mi editor en Farrar, Straus and Giroux, aportó una amplia visión. Kelly Vicars, mi asistente de investigación, fue de gran ayuda durante el intenso periodo de redacción.

Mi amigo Rick Jacobs, de Circle of Confusion, luchó durante una década por llevar esto al cine, igual que mi abogado, Keith Fleer, y mi agente cinematográfica, Shari Smiley. Tengo una deuda de gratitud con George

Lopez, Jamie Lee Curtis, Marisa Tomei, Carlos Pena, Alexa PenaVega, José Julián, Oscar Gutierrez, David Del Rio, Ben Odell, Sean McNamara, Elissa Matsueda y David Alpert por haber dado vida a la película.

Mi esposa e hijos soportaron mis viajes como reportero y largas horas de escritura. Esta obra es resultado de su apoyo. Ben Peterson leyó un primer borrador e hizo comentarios valiosos. Gracias también a Joshuah Bearman, quien se ocupó de *Epic Magazine* mientras yo escribía este libro.

Deseo reconocer la gran labor de Jill Zande en el Marine Advanced Technology Education Center. Ella fue la punta de lanza de la competencia de ROVs y ha inspirado a incontables jóvenes. Sin ella, el equipo de Carl Hayden no habría tenido la oportunidad de competir. De igual forma, Ed Moriarty ha creado un fenomenal entorno de aprendizaje para ingenieros en ciernes en el Edgerton Center del MIT, por el que me dio un paseo muy instructivo.

En un periodo de diez años, regresé con frecuencia a Phoenix para entrevistar a maestros y exalumnos de Carl Hayden, quienes fueron muy amables y soportaron mis preguntas. Dulce Matuz, graduada de Carl Hayden, me ofreció incisivos puntos de vista sobre el entorno de la inmigración. Adicionalmente, al paso de los años muchos jóvenes robotistas me han explicado pacientemente sus creaciones. El equipo 842 sigue inspirándome.

Mi mayor deuda de gratitud es para con los miembros del equipo de robótica submarina 2004 de Carl Hayden y sus familias. Los Aranda, Arcega, Santillan y Vazquez me recibieron cordialmente en sus casas y conversaron conmigo innumerables veces en la última década, respondiendo mis incesantes y puntillosas preguntas con humor y paciencia.

Los mentores del equipo y sus familias también estuvieron siempre a mi disposición para brindarme ayuda. Debbie Cameron y Pam Lajvardi me invitaron gentilmente a sus respectivas casas y me brindaron importantes ideas. Por último, Allan Cameron y Fredi Lajvardi han dedicado su vida a ayudar a los jóvenes a desarrollar plenamente su potencial. Este libro está dedicado a ellos.